高校生の就職試験

2025年度版

やさしい一般常識一問一答

就職試験情報研究会

JN002972

TAC出版
TAC PUBLISHING Group

はじめに

本書は，各社で過去に実際に出題された問題をベースに作成したものです。

◆本書の特長

●“一問一答”の形式

各社で出題される一般常識の問題は大部分がやさしいものですが，反面，出題範囲が広く，あらゆる分野から出題されます。したがって，“広く，浅く”準備することが大切です。“一問一答”形式の場合，多くの問題にあたることができるとともに，そのポイントだけを読者は覚えることができます。

●“でる順”に配列

過去に出題の回数が多かった順に問題を並べました。各社とも毎年問題が変わるので，これらの問題が必ず出題されるとはいえませんが，総合的にみた場合，出題される確率が高いといえます。

なお，社会の常識のごく一部の問題については過去に出題されてはいないものの，国内外の情勢から考えて出題が予想されるものについては掲載しました。

●“やさしい順”に配列

数学については，“でる順”に並べた場合，簡単な問題よりも少し難しい問題を先にのせなければならないケースが多いため，“やさしい順”に配列しました。数学については，この方が勉強しやすいと思います。

●キーワードでポイントをつかむ

暗記しやすいようにキーワードを太字で示してあります。また，解答には，関連知識等も掲載しました。

編 集 部

CONTENTS

CONTENTS

CONTENTS

Chapter 5　英語の常識

Chapter 1

社会の常識

1

政　治

■（　　）あるいは□□に適切な語句または数字を入れなさい。

□ ① □□□□とは，国連のすべての加盟国が2030年までに取り組むことを決めた国連の持続可能な□□目標のことである。貧困，飢餓など17の目標に対して，具体的な169のターゲットが設けられている。

□ ② ロシアが2022年2月，□□□□□へ全面侵攻して以降、アメリカ，EUを中心としたグループと，ロシア，□□を中心としたグループとの間で対立が増している。

□ ③ 2020年国勢調査の速報値をもとに，□□□□方式を適用した結果，衆議院の選挙区は（　　）増（　　）減の見直しが必要となった。□□□□方式とは，□□に比例して議員定数を配分する方法の1つである。

□ ④ 政府の子どもに関連する政策の司令塔として2023年4月、□□□□□庁が□□□の外局として発足した。少子化や児童虐待などの複数の省庁にまたがる問題に対し，一元的に取り組む。

□ ⑤ 衆議院議員の定数は（　　）人であり，参議院議員の定数は（　　）人である。

① ＳＤＧｓ，開発
→SDGsでは，目標づくりから途上国も参画するとともに，先進国の課題も目標に盛り込まれた。

② ウクライナ，中国
→2つのグループが対立する中，グローバル・サウス(P38参照)が存在感を増している。

③ アダムズ，10，10，アダムズ，人口→東京都で5増，神奈川県で2増，埼玉県，千葉県，愛知県で各1増となる。

④ こども家庭，内閣府→縦割り行政を排して，一元的に対応するため，こども家庭庁には他省庁への勧告権も付与されている。

⑤ 465，248→参議院の比例代表の定数は100人である。

□ ⑥ □□□□□□制度とは，国民一人ひとりに番号を割り振って，□□や社会保障などに関する情報を管理すること。2021年6月から，マイナンバーカードが□□□□証としても使えることになった。

⑥ マイナンバー，納税，健康保険→2023年3月末におけるマイナンバーカードの申請率は76％である。

□ ⑦ □□□□□□(南沙)諸島とは，南シナ海南部にある島々のことで，石油や天然ガスなどが豊富に存在することから，中国，□□，ベトナムなどが領有権を主張している。

⑦ スプラトリー，台湾→これらのほかに，フィリピン，マレーシア，ブルネイが領有権を主張している。

□ ⑧ 日本の領土問題は，ロシアとの間に□□□□問題，韓国との間に□□問題がある。

⑧ 北方領土，竹島→尖閣諸島は日本固有の領土であり，領土問題は存在しないとするのが日本の立場である。

□ ⑨ 2023年5月に開催されたG7には，岸田首相のほか，□□□□米大統領，□□□英首相，□□□□仏大統領，ショルツ独首相などが出席した。

⑨ バイデン，スナク，マクロン→このほかに，メローニ伊首相，トルドー加首相，EUの首脳が出席した。

□ ⑩ アメリカの上院の任期は(　　)年，下院の任期は(　　)年である。

⑩ 6，2→上院の定数は100人，下院のそれは435人。

□ ⑪ 通常国会は毎年1回定期的に開かれる国会で，□月に開催される。□□国会は衆議院の総選挙の日から，□□日以内に召集される。

⑪ 1，特別，30→臨時国会は，内閣が必要と認めたときなどに召集される。

□ ⑫ BRICSとは，□□□□，ロシア，□□□，□□，□□□□□共和国の英語の頭文字をつなぎあわせた造語である。

⑫ ブラジル，インド，中国，南アフリカ→拡大BRICSが2024年1月に誕生する(P43参照)。

□ ⑬ 新疆□□□□自治区には，主にトルコ系民族である□□□□族が住んでいる。□□□□族は□□□□教を信仰していることから，宗教や文化が異なる漢族との間で衝突を繰り返している。

⑬ ウイグル，ウイグル，ウイグル，イスラム→ウイグル族はカザフスタンなどにも住んでいるが，大半は新疆ウイグル自治区にいる。

□ ⑭ 現在，衆院選，参院選，地方選の選挙権年齢は(　　)歳以上である。また，成人年齢は2020年4月から，(　　)歳から(　　)歳に引き下げられた。

⑭ 18，20，18→選挙権年齢は「20歳以上」から「18歳以上」に引き下げられた。

□ ⑮ 衆議院議員の被選挙権は(　　)歳以上，参議院議員の被選挙権は(　　)歳以上である。

⑮ 25，30→地方議会議員・市町村長は25歳以上，都道府県知事は30歳以上。

□ ⑯ 小選挙区比例代表並立制において，有権者は小選挙区では□□□名に投票し，比例代表では(　　)名に投票する。

⑯ 候補者，政党→したがって，小選挙区比例代表制では，有権者は1人2票を持つ。

□ ⑰ □□□□□とはアフリカ開発会議の略称である。創設当初は「アフリカへの開発□□」がテーマとなっていたが，2013年の□□□□□5では「□□から□□へ」がテーマとなった。

⑰ TICAD，援助，TICAD，援助，投資→TICADは2013年までは5年ごと，それ以降は3年ごとに開催されている。

□ ⑱ □□□□□は仏教徒が約９割を占めるミャンマーで暮らす少数派のイスラム教徒のことで，大半は国籍が与えられていない。

⑱ ロヒンギャ→ミャンマーではロヒンギャは，バングラデシュからの不法移民とみなされている。

□ ⑲ 衆議院議員の任期は（　　）年，参議院議員の任期は（　　）年である。

⑲ 4，6→参議院は3年ごとに半数を改選する。

□ ⑳ **憲法改正**は，日本国憲法では，国会が**各議院の総議員数の□分の□以上**の賛成で発議し，□□□□**において過半数**の賛成を得なければならない。

⑳ 3，2，国民投票→日本は硬性憲法（改正要件が厳しい憲法）の立場をとっている。

□ ㉑ 中国は2020年初めから，新型コロナウイルスの感染を徹底的に封じ込めるため□□□□□政策を展開した。同政策は2023年1月に終了した。

㉑ ゼロコロナ→厳しい行動制限が行われたため，経済は混乱し，市民の不満が拡大した。

□ ㉒ アメリカ大統領の任期は（　　）年，ロシア大統領の任期は（　　）年である。

㉒ 4，6→イギリスの下院の任期は5年，フランス大統領の任期は5年。

□ ㉓ 自由民主党の党三役とは，□□長，□□会長，総務会長のことをいう。

㉓ 幹事，政調→幹事長は総裁に次ぐポストである。

□ ㉔ □□□□は北大西洋条約機構の略称。アメリカを中心とするアメリカ・ヨーロッパ諸国による軍事同盟。

㉔ NATO→冷戦後，NATOの東方拡大が進んでいる。

3段階チェック	①チャレンジ	②リベンジ	③ラスト
	／24問中	／24問中	／24問中

経　済

■（　　）あるいは□□に適切な語句を入れなさい。

□ ① ロシアのウクライナ侵攻以降，両国の生産する□□や穀物の価格が高騰している。また，日本は金融□□政策を続けているため□□が進展し，その影響で□□品が値上がりしている。

① 原油，緩和，円安，輸入→日銀の金融緩和策の見直しを求める声があるが，日銀は緩和策を堅持する方針である。

□ ② インターネット□□□□□とは，インターネット上で□□照会，入出金明細の照会，振込などの取引サービスを行うことで，□□□□□□□□□□とも呼ばれる。

② バンキング，残高，オンラインバンキング→インターネットバンキングを使いながら，従来の店頭窓口なども利用できる。

□ ③ □□□□□□□決済とは，現金を使用しないで商品などの代金の決済をすることで，クレジットカードのほかに，□□マネー，□□□□□□□などによる決済手段がある。

③ キャッシュレス，電子，スマートフォン→日本はアメリカ，中国，韓国などに比べ，キャッシュレス決済の比率が低い。

□ ④ GAFAMとは，グーグル，アップル，フェイスブック，（　　），（　　）の5つの企業をまとめたものである。

④ アマゾン，マイクロソフト→フェイスブックは2021年10月，メタに社名変更した。

□ ⑤ ネット銀行とは，□□を持たず，お金のやり取りやサービスなどを□□□□□□□上で行う銀行のことである。

⑤ 店舗，インターネット→振込手数料は普通の銀行に比べ安い。

□ ⑥ □□□資本主義とは，岸田首相が掲げる経済政策である。その中身は，新自由主義的な経済政策により経済□□が生じたため，それを転換し，「成長と□□の好循環」を目指すものである。

⑥新しい，格差，所得→新しい資本主義の狙いは，「令和版の所得倍増」の実現といえる。

□ ⑦ IPEF（□□□□□□経済枠組み）はバイデン米大統領が□□□（環太平洋経済連携協定）に代わるものとして提唱したもので，2022 年 5 月に 13 か国が参加して発足した。

⑦インド太平洋，TPP→IPEFの狙いは，中国に対抗する経済圏の構築にある。

□ ⑧ 2024 年上期をめどに発行される新紙幣の 1 万円札には□□□□，千円札には□□□□□の肖像が使われる。

⑧渋沢栄一，北里柴三郎→5千円札には津田梅子の肖像が使われる。

□ ⑨ 急激な□□□□を抑制するため，米連邦準備制度理事会（□□□）が 2022 年 3 月以降□□金利を連続して数回引き上げたため，2023 年 3 月以降シリコンバレー銀行などが経営破たんした。

⑨物価上昇，FRB，政策→FRBは2023年6月，11会合ぶりに利上げを見送ったものの，政策金利は年5.0～5.25%にまで上昇していた。その後，同年7月に政策金利を年5.25～5.50%に引き上げたが，9月と11月は利上げを連続して見送った。

□ ⑩ □□□□□インカムとは，政府が全国民に対して，生活に必要な□□□の決められた金額を定期に支給する制度のこと。メリットは，所得格差の是正，貧困の解消などがある。

⑩ベーシック，最低限→デメリットとしては，勤労意欲の低下，財源の確保が難しい，などがある。なお，カナダ，オランダ，フィンランドではベーシックインカムの社会実験が実施された。

□ ⑪ 中央銀行□□□□通貨は暗号資産とは異なり，国の信用に裏づけされた法定通貨である。したがって，中央銀行□□□□通貨の価値は比較的安定し，現在使用している□□や硬貨と同様，いつでも誰もが使える。

⑪ デジタル，デジタル，紙幣→現在，中央銀行デジタル通貨で先行するのは中国といわれる。日銀は2021年春，実証実験に着手した。

□ ⑫ □□□□2とは，ロシアの□□□□州北東部沿岸に存在する□□□□・石油の大規模開発プロジェクトのこと。ロシアのウクライナ侵攻により，□□□□2への日本企業の権益が維持されるかが懸念されたが，既存の権益は維持された。

⑫ サハリン，サハリン，天然ガス，サハリン→2022年8月末，三井物産，三菱商事の新会社への出資が決まった。

□ ⑬ **FTA** はFree Trade Agreementの略で，□□□□**協定**と訳される。また，**EPA** はEconomic Partnership Agreementの略で，□□□□**協定**と訳される。

⑬ 自由貿易，経済連携→EPAは，FTAよりも幅広い分野で共通ルールを定める。

□ ⑭ RCEPとは，日本，中国，韓国，□□□□□□□，□□□□□□□□□，ASEAN（東南アジア諸国連合）の15か国による自由貿易圏構想「地域的包括的経済連携」のことである。

⑭ オーストラリア，ニュージーランド→RCEPの規模は，TPP（環太平洋経済連携協定）よりも大きい。

□ ⑮ □□□□□□エコノミーとは，ライドシェア（自家用車に有料で人を乗せる），民泊（空き部屋に旅行者を泊める）など，いわゆる共有型経済のこと。

⑮ シェアリング→つまり，欲しいものを購入するのではなく，必要なときに借りるという考え方である。

⑯ 人手不足，ドローン→ドローン配送は飛行トラブルが起きると，重大な事故が起こるリスクが高い。

□ ⑯ 物流業界は，2024 年問題による□□□□の深刻化や過疎地への配達問題などの課題を抱えていることから，最近，□□□□配送への期待が高まっている。

⑰ ブロック→台帳とは，お金のやりとりを記録していること。

□ ⑰ □□□□チェーンとは，暗号資産の基盤にある技術で，「分散型台帳」と表現できる。

⑱ 暗号資産→法改正により，2020年4月，仮想通貨から暗号資産に呼称が変更された。

□ ⑱ □□□□とは，インターネット上でやり取りできる財産的価値であり，代金の支払い等に使用でき，かつ，円やドルと交換できる。

⑲ TOB，公開→対象企業の取締役会の賛同を得ないで行うTOBを敵対的TOBという。

□ ⑲ □□□とは株式□□買付けのことで，企業の買収などを目指す投資家が不特定多数の株主から一般の市場を通さず株式を買い取る方式のこと。

⑳ 約束→一方，為替手形は，手形の振出人が第３者に対して支払いを依頼した証書である。

□ ⑳ □□手形は，支払人が受取人に対し，一定の金額を一定の期日に支払うことを約束した有価証券である。

㉑ 補正→これに対し，暫定予算とは，本予算成立までの空白期間をつなぐための予算である。

□ ㉑ □□予算とは，経済情勢の変化などによって，会計年度の途中に変更を加えた予算のこと。

3段階チェック	①チャレンジ	②リベンジ	③ラスト
	／21 問中	／21 問中	／21 問中

でる順

社会事情・労働

■（　　）あるいは□□に適切な語句または数字を入れなさい。

□ ① □□□□ワークとは，テレワークとほぼ同義語で，従業員が会社のオフィス以外の場所でノートパソコンなどを使って仕事をすること。

① リモート→英語の「remote（遠い）」と「work（働く）」の合成語である。「tel（離れた）」。

□ ② □□□□マンデーとは，月曜日になった祝日のこと。（　　）の日は1月第2月曜日，（　　）の日は7月第3月曜日，（　　）の日は10月第2月曜日。

② ハッピー，成人，海，スポーツ→また，敬老の日は9月第3月曜日である。

□ ③（　　）の世代（1947～1949年生まれ）が75歳以上（□□高齢者）に達する2025年以降，深刻さを増す高齢化問題のことを（　　）年問題という。

③ 団塊，後期，2025→中でも問題となるのが社会保障給付費の増加である。

□ ④ □□□□とは，小学校就学前の子どもを認可保育所に入れたいと考えているが入所できない子どものこと。各地で保育の受け皿が増えたことに加え，□□□□□□□□□禍による利用控えなどで，その数は最少を更新している。

④ 待機児童，新型コロナウイルス→近年の待機児童数のピークは2017年の26,081人だったが，2023年のそれは2,680人。

□ ⑤ □□□□制度は40歳以上の国民を対象とした社会保険で，要介護などになったとき□□□□サービスを受けられる。

⑤ 介護保険，介護保険→同制度は2000年から施行された。

⑥ マクロ, 賃金, 物価→マクロスライド方式ともいう。マクロ（経済）スライド方式は 2005 年４月から導入された。

□ ⑥ □□□経済スライド方式とは，年金の給付額の計算の際，現行の□□や□□の変動率に加え，将来の年金加入者の減少率，年金受給期間（平均寿命）の伸び率などを勘案するものである。

⑦ 基礎, 国民, 基礎, 厚生, 基礎, 報酬→基礎年金＝国民年金と考えるとわかりやすい。厚生年金＝基礎年金＋報酬比例年金。

□ ⑦ □□年金とは，全国民に共通に支給される年金のこと。□□年金に加入している者は原則として□□年金しか支給されないが，□□年金に加入している者は□□年金のほかに，□□比例年金が支給される。

⑧ 生活保護, 最低→生活保護には，生活扶助，住宅扶助，教育扶助, 医療扶助，介護扶助など８種類ある。

□ ⑧ □□□□とは，生活困窮者に対する救済制度で，その世帯の□□生活費の金額とその世帯の収入金額を比較し，後者が前者を下回る場合、その不足額が支給される。

⑨ オンライン→疾患の見逃しなども指摘されている。

□ ⑨ スマートフォンやパソコンなどを使って，医師が患者と対面しないで診療することを□□□□□診療という。

⑩ DV, 夫→家庭内暴力ともいう。広義では，子どもや高齢者に対する暴力を含む。

□ ⑩ □□とはドメスティック・バイオレンスの略称で，一般に□など親密な関係にある男性から女性に向けられる暴力や嫌がらせをいう。

⑪ 有効求人→この値が１を超えると人手不足である。

□ ⑪ □□□□倍率とは，有効求人数を有効求職者数で除したものである。

□ ⑫ ダイバーシティとは「□□□」のことで，人種，性別，国籍，学歴などを問わず採用することで，その「□□□」をいかした職場や働き方を構築しようということ。

⑫ 多様性，多様性→この背景には，労働人口の減少，労働市場のグローバル化などがある。

□ ⑬ □□□□□□□ワーカーとは，人々が生活する上で不可欠な労働者のこと。具体的には，医師，看護師，薬剤師，運送業者，小売業者や公共交通機関などで働く人など。

⑬ エッセンシャル→エッセンシャルは「不可欠な」という意味。コロナ禍においても，不安を抱きながらも働くことになる。

□ ⑭ 同一□□同一賃金とは，同じ仕事であれば，雇用形態などが違っても同じ賃金を支払うという考え方のこと。

⑭ 労働→欧州では同一労働同一賃金が原則となっている。

□ ⑮ 病気の父や母などに代わって，家事，介護，家族の世話などを日常的に行っている18歳未満の子どもを□□□ケアラーという。

⑮ ヤング→「勉強する時間が取れない」「友達と遊ぶ時間がない」「十分睡眠ができない」などの問題が生じている。

□ ⑯ 都市に□□が集中する一方で，若者が減少し，高齢者の割合が高くなって，長期にわたり□□が減少している地域を□□地域という。

⑯ 人口，人口，過疎，→過疎地域の課題はこのほかに，経済活動の低迷，地域医療の危機などがある。

□ ⑰ □□□□□プアとは，フルタイムで働いても，最低限度の生活を維持できない貧困層のこと。

⑰ ワーキング→わが国では，ワーキングプアの割合は上昇傾向にある。

□ ⑱ □□□□問題とは，80代の高齢の親と，引きこもる50代の未婚の子どもが同居する家族において発生する諸問題のことをいう。

⑱ 8050（ハチマルゴーマル）→70代の親と40代の子どもの場合は7040問題と呼ばれる。

□ ⑲ □□□□□・ギャップ指数とは，各国の社会進出における男女間格差を示す指標である。

⑲ ジェンダー→2023年における日本のジェンダー・ギャップ指数は，146か国中125位であった。

□ ⑳ □□□□率とは，一国の食料消費に対する国内で生産される食料の割合のこと。□□□□率には，□□□□□□□のものと，生産額ベースのものとがある。

⑳ 食料自給，食料自給，カロリーベース→2022年度のカロリーベースの食料自給率は38%。

□ ㉑ 高度□□□□□□□□□制度とは，年収が高い一部の専門職を労働時間規制から除外する制度で，□□代は支給されず，成果で賃金が決まる。

㉑ プロフェッショナル，残業→対象となるのは，年収1,075万円以上の一部専門職である。

□ ㉒ 近年の日本人の死因は第1位が「悪性新生物（がん）」，第2位が「心疾患」，第3位が「脳血管疾患」，第4位が「□□」であったが，2020年において「□□」が第3位に一気に浮上した。

㉒ 肺炎，老衰→2021年においても，「老衰」が「がん」「心疾患」に次いで第3位となった。

□ ㉓ ネット□□□□とは，インターネットのサイトで注文し，品物を自宅に届けてもらう□□□□□サービスのこと。

㉓ スーパー，デリバリー→デリバリーサービスとは宅配サービスのこと。

3段階チェック	①チャレンジ	②リベンジ	③ラスト
	／23問中	／23問中	／23問中

でる順

環境・国土

■（　　）あるいは□□に適切な語句を入れなさい。

□ ① □□協定とは，2020年以降における地球温暖化対策の国際的枠組みのこと。□□協定では，世界のすべての国が□□□□□□削減の取り組みを行う義務がある。

① パリ，パリ，温室効果ガス→京都議定書では，先進国だけが温室効果ガスの削減を義務づけられていた。

□ ② 気候変動枠組条約は地球温暖化の防止を図る国際条約で，（　　）条約ともいわれる。

② 地球温暖化防止→同条約をもとに，気候変動枠組条約締約国会議（COP）が毎年開催されている。

□ ③ □□とは，エンジンを使わないで，□□□□□□□電池を搭載して電力で走る電気自動車のこと。走行中に□□□□□□を排出しないことから，次世代のエコカーとして本命視されている。

③ EV，リチウムイオン，二酸化炭素→リチウムイオン電池の開発が進み，走行距離などの問題が解決されてきた。

□ ④ リニア□□新幹線とは，東京・品川～（　　）間を67分で結ぶ構想のこと。メリットとしては，□□の力で浮いて走行することから騒音や振動が少ないことなどが挙げられる。

④ 中央，大阪，磁力→静岡県での着工が遅れているため，JR東海は2027年開業は困難としている。

□ ⑤ 日本の世界自然遺産は，屋久島，□□山地，知床，□□□諸島など，全5件である。

⑤ 白神，小笠原→5件目は「奄美大島，徳之島，沖縄島北部及び西表島」。

⑥ IPCC，環境→地球温暖化問題で間接的に大きな影響力をもち，2007年ノーベル平和賞を受賞した。

□ ⑥ □□□□（気候変動に関する政府間パネル）は，UNEP（国連□□計画）とWMO（世界気象機関）により設立されたもので，地球温暖化などに対する国際的な取り組みを行う専門機関である。

⑦ 地盤沈下→地盤沈下が生じると，床が傾いたり，窓が開けにくくなる。

□ ⑦ □□□□の原因には自然現象と人為的作業の2つがあるが，後者は工場用水のくみ上げや天然ガスなどの採取が関係している。

⑧ ハイブリッド，ハイブリッド，燃料，FCV→ハイブリッドとは，2種類のものを組み合わせたという意味である。

□ ⑧ エコカーとは環境にやさしい車のことで，□□□□□□車（HV），プラグイン□□□□□□車（PHV），電気自動車，□□電池自動車（□□□），グリーンディーゼル車などがある。

⑨ 再生可能，バイオマス→再生可能エネルギーの総発電量に占める割合は，2021年度で約22%である。

□ ⑨ □□□□エネルギーは，太陽光，風力，水力，地熱，□□□□□（生物資源）を生かしたエネルギーのこと。環境対策への必要から，年々注目度が高まっている。

⑩ 砂漠化→サハラ以南のアフリカの砂漠化は深刻化している。

□ ⑩ 近年，過剰な耕作・放牧・伐採などにより，地球規模で（　　）がおこり，食糧不足による民族間の対立などが発生している。

⑪ プラスチック，石油→最近，海洋プラスチック問題として注目を集めている。

□ ⑪ □□□□□□ごみはレジ袋やペットボトルなどの廃棄物で，主に□□から作られる合成樹脂を原料としている。

□ ⑫ □□□地震とは，内陸型地震ともいわれるもので，内陸部にある□□層で発生する，震源の浅い地震のこと。□□県南部地震，□□県中越地震，熊本地震などがこのタイプの地震である。

⑫ 直下型，活断，兵庫，新潟→兵庫県南部地震により，阪神・淡路大震災が発生した。

□ ⑬ □□はプランクトンが異常に繁殖して海水が変色する現象である。近年，□□は窒素やリンを含む排水が海に流れ込んで，水質の栄養が過剰になる□□□化が進むことで起こる。

⑬ 赤潮，赤潮，富栄養→プランクトンが死んで海水に堆積・分解されると，一時的な無酸素状態になり，魚類などが死滅する。

□ ⑭ 工場などから排出されるばい煙や，自動車の排気ガスなどで大気が汚れることを(　　)という。

⑭ 大気汚染→大気汚染物質には，二酸化窒素，浮遊粒子状物質，光化学オキシダントなどがある。

□ ⑮ 北極圏にある世界最大の島，(　　)は急激な気温の上昇により氷床が溶かされたことで陸地が露出した。この結果，これまで□に閉ざされていた鉱床の探査が可能となり，埋蔵□□の争いが大国間で激化している。

⑮ グリーンランド，氷，資源→北極圏では温暖化により，このほかに，氷に封印されていた有害物質が発生している。

□ ⑯ □□□**現象**とは，地下水を含んだ砂の地盤が(　　)の振動を受け，砂地盤が固体としての強度を失い，液体に変わること。

⑯ 液状化，地震→東日本大震災，熊本地震などにより液状化現象が発生した。

□ ⑰ □□□とは，大気中に放出された□□酸化物，硫黄酸化物などが雨滴に取り込まれ，雨になったものである。

⑰ 酸性雨，窒素→強い酸性雨の場合，魚類にも大きな影響をもたらす。

□ ⑱ □□□□□□現象とは，ペルー沖から中部太平洋の日付変更線までの海域で長期にわたり海水温が平年よりも高くなる現象のこと。□□□□□□現象が発生すると，日本では梅雨明けが□くなる。

⑱ エルニーニョ，エルニーニョ，遅→ラニーニャ現象はエルニーニョ現象とは反対に，この海域の海水温が平年より低くなる現象。

□ ⑲ J□□□□とは，人口衛星や地上回線を通じて市町村の防災行政無線を自動的に起動し，地震，津波，弾道ミサイルの発射などの緊急情報を伝える「全国瞬時警報システム」の通称である。

⑲ アラート→通称，Jアラート，ジェイアラートと呼ばれている。

□ ⑳ □□□□とは，河川，湖沼などの自然環境の水が汚れている状態のことをいう。一方，□□□□とは，工場廃液や生活排水が水を汚している状態をいう。

⑳ 水質汚濁，水質汚染→タンカーなどからの原油流出により水が汚れた場合は水質汚染にあたる。

□ ㉑ 南海トラフは□□□□□海プレートが□□□□□プレートの下に沈み込む境界である。

㉑ フィリピン，ユーラシア→巨大地震が 100 ～ 200 年ごとに発生している。

□ ㉒ □□□□□とはゴミの発生を抑制すること，□□□□とは同じ製品をもう一度使うこと，である。

㉒ リデュース，リユース→リサイクルとは，新しい製品に生まれ変わること。

□ ㉓ □□□□□□□□現象とは，都市部の気温がその周辺地域よりも高くなる現象のこと。

㉓ ヒートアイランド→原因としては，排熱の増加などがある。

3段階チェック	①チャレンジ	②リベンジ	③ラスト
	／23 問中	／23 問中	／23 問中

でる順

世界＆日本の思想家

■（　　）あるいは□□に適切な語句を入れなさい。

□ ① □□□はドイツ近代哲学の大成者で，イギリス経験論と大陸合理論を批判的に総合した。

① カント→主著『純粋理性批判』『実践理性批判』

□ ② □□□□は“実存は本質に先立つ”として，人間は自己の生き方についてはまったく自由であると唱えた。

② サルトル→サルトルは無神論的実存主義者。主著『存在と無』

□ ③ □□□はフランスの思想家で，**“自然に帰れ”**と唱えた。

③ ルソー→主著『人間不平等起源論』『エミール』

□ ④ □□が性善説を唱えたのに対し，□□は**“性悪説”**を唱えた。

④ 孟子《もうし》，荀子《じゅんし》→孟子の主著『孟子』，荀子の主著『荀子』

□ ⑤ F・ベーコンは学問の方法として□□法を説き，イギリス□□論の基礎を確立した。一方，デカルトは学問の方法として□□法を説き，大陸□□論の基礎を確立した。

⑤ 帰納，経験，演繹《えんえき》，合理→F・ベーコンの主著『ノヴム＝オルガヌム』，デカルトの主著『方法序説』

□ ⑥ □□□□□□□は有神論的実存主義者で，実存主義の先駆けとなった思想家である。一方，□□□□は□□論的実存主義者で，“神は死んだ”と唱えた。

⑥ キルケゴール，ニーチェ，無神→ニーチェの主著『ツァラトゥストラはかく語りき』

□ ⑦ ベンサムは□□**主義**の創始者で，社会の目的を**“最大多数の最大□□”**に求めた。

⑦ 功利，幸福→ベンサムの主著『道徳および立法の諸原理序説』

□ ⑧ デューイは**プラグマティズム**を発展させて，□□**主義**という独自の立場を確立した。

⑧ 道具→デューイの主著『哲学の改造』『学校と社会』

□ ⑨ 日本の哲学界に大きな影響を与えた□□□□□は，西洋思想を批判的に摂取し，東洋思想と西洋思想の根源的統一を目指した。

⑨ 西田幾多郎→西田哲学を確立した。主著『善の研究』

□ ⑩ (　　)と□□□□□□□はともにギリシアの哲学者で，前者が世界を□□□界と現実界の2つに分けたのに対し，後者は□□□界と現実界の両者が1つに結びついたところに真実があるとした。

⑩ プラトン，アリストテレス，イデア，イデア→プラトンの主著『ソクラテスの弁明』，アリストテレスの主著『ニコマコス倫理学』

□ ⑪ □□□□は江戸時代中期の国学の大成者で，主著に『古事記伝』がある。

⑪ 本居宣長→日本の古代精神のすぐれていることを強調した。

□ ⑫ (　　)はドイツ観念論の大成者で，**“世界を絶対精神の□□法的発展過程である”**と考えた。

⑫ ヘーゲル，弁証→主著『精神現象学』『法哲学』

□ ⑬ (　　)は**儒家の始祖**で，□と礼を中心とする実践的な教育を行った。

⑬ 孔子《こうし》，仁→『論語』は弟子によってまとめられたもの。

3段階チェック	①チャレンジ	②リベンジ	③ラスト
	／13問中	／13問中	／13問中

■（　　）あるいは□□に適切な語句または数字を入れなさい。

□ ① 1600年，（　　）は□□□**の戦い**で石田三成を破り，全国を制覇した。

① 徳川家康，関ヶ原→8時間に及ぶ激闘であった。

□ ② 1560年，（　　）は**桶狭間《おけはざま》の戦い**で□□□□を破った。

② 織田信長，今川義元→信長は楽市・楽座を実施した。

□ ③ 1582年，（　　）は**山崎の戦い**で□□□□を破り，翌年には大坂城に入った。

③ 豊臣秀吉，明智光秀→秀吉は太閤検地を行った。

□ ④（　　）は推古天皇の摂政となり，**冠位十二階の制**，**憲法十七条**を制定した。

④ 聖徳太子→遣隋使を派遣した。

□ ⑤ 吉田茂首相は1951年，□□□□□□□□平和条約とともに，□□安全保障条約に調印した。

⑤ サンフランシスコ，日米→吉田茂は5度，首相になった。

□ ⑥ 江戸時代末期，大老井《い》伊《い》直弼《なおすけ》は□□の大獄を起こして反対派を弾圧した。

⑥ 安政→井伊直弼はその後，桜田門外の変（1860）で暗殺された。

□ ⑦ □□□は**平治の乱**（1159）で源氏勢力を一掃し，のちに太政大臣になった。

⑦ 平清盛→日宋貿易の振興を図った。

□ ⑧ 江戸時代中期，□□□□は**享保《きょうほう》の改革**を実施した。

⑧ 徳川吉宗→相対済令，目安箱の設置などを行った。

⑨ 足利尊氏→1338年，尊氏は北朝から征夷大将軍に任じられた。

□ ⑨ □□□□は**室町幕府の初代将軍**で，武家政治を復活させた。

⑩ 伊藤博文→大日本帝国憲法を起草した。

□ ⑩ 1885年，□□□□は**初代内閣総理大臣**に就任した。

⑪ 応仁，戦国時代→東軍の大将は細川勝元，西軍の大将は山名宗全。

□ ⑪ 1467年に□□の乱が始まった。東西二軍の戦いが長びいたことで，室町幕府は有名無実となり，□□□□に突入した。

⑫ 大化改新→中大兄皇子はのちに天智天皇となる。

□ ⑫ 645年，中大兄皇子《なかのおおえのおうじ》は藤原鎌足と謀って蘇我父子を倒し，□□□□を行った。

⑬ 種子島→鉄砲伝来を1542年とする説も有力である。

□ ⑬ 1543年，ポルトガル人を乗せた中国船が□□□に漂着したことで，鉄砲が伝来した。

⑭ 元→文永の役(1274)，弘安の役(1281)。

□ ⑭ 北条時宗が執権であるとき，二度にわたり(　　)軍が襲来した。

⑮ 源頼朝→頼朝は源義経の兄。

□ ⑮ (　　)は平氏を滅ぼし，**鎌倉に幕府を開いた**。

⑯ 菅原道真《すがわらのみちざね》→894年，遣唐使の廃止を建議した。

□ ⑯ □□□□は醍醐天皇のときに右大臣になったが，左大臣藤原時平の策謀により**太宰権帥《だざいごんのそち》に左遷**された。

⑰ 徳川家光→家光のときに，幕藩体制が確立した。

□ ⑰ □□□□は江戸幕府の**３代将軍**で，**参勤交代**の制度化などを行った。

□ ⑱ 松平定信は，祖父にあたる徳川吉宗の□□の改革を模範として□□の改革を推進した。

⑱ 享保，寛政→棄捐《きえん》令，旧里帰農令などを出した。

□ ⑲ □□□□は室町幕府の３代将軍で，明《みん》との□□**貿易**を開始した。

⑲ 足利義満，勘合《かんごう》→義満は金閣を建立した。

□ ⑳ □□□□は**西南戦争**(1877)を起こしたが，敗れて自刃した。

⑳ 西郷隆盛→西南戦争は士族の反乱の最大で最後のものとなった。

□ ㉑ □□□□首相は**国民所得□□計画**を発表し，積極的な高度経済成長政策を推進した。

㉑ 池《いけ》田《だ》勇《はや》人《と》，倍増→1960年７月，岸内閣のあとを受けて首相となった。

□ ㉒ 1936年に発生した**陸軍将校によるクーデター事件**を□・□□**事件**という。

㉒ 二・二六→この事件は軍部ファシズムの出発点となった。

□ ㉓ **日清戦争**(1894～95)は日本の勝利に終わり，□□条約が結ばれた。

㉓ 下関→三国干渉により，日本は遼東半島を清に返還した。

□ ㉔ 1853年に□□□が来航したことで，江戸幕府は翌年，日米□□条約を結んだ。

㉔ ペリー，和親→この結果，下田，箱館が開港され，鎖国は終わった。

□ ㉕ **壬申の乱**(672)は，□□□皇子と□□皇子との皇位継承をめぐって，諸豪族も加わった古代最大の内乱である。□□□皇子が勝利し，□□天皇となった。

㉕ 大《おお》海人《あまの》，大友《おおともの》，大海人，天武→大海人皇子は天智天皇の弟。大友皇子は天智天皇の息子。

□ ㉖ □□□□は娘４人を宮中に入内《じゅだい》させて，**摂関政治の全盛期**をつくった。

㉖ 藤原道長→その子頼通も摂政・関白となった。

㉗ 佐藤栄作，沖縄→1974年，ノーベル平和賞を受賞した。

□ ㉗ □□□□首相は**小笠原返還協定**，□□**返還協定**を結んで，本土復帰を果たした。

㉘ 島原，天草四郎→この反乱を島原の乱という。

□ ㉘ 江戸幕府のキリスト教徒迫害が強化されるなか，天草・□□地方の農民・信徒は□□□□時貞を盟主として反乱を起こした。

㉙ 五・一五，犬養毅《いぬかいつよし》→この結果，政党内閣は終わった。

□ ㉙ □・□□**事件**は海軍青年将校が中心となって起こしたもので，□□□首相が暗殺された。

㉚ 小村寿太郎《こむらじゅたろう》，関税→ポーツマス条約の日本全権。

□ ㉚ □□□□□は日露戦争の勝利を背景に，□□**自主権の回復**に成功した。

㉛ 承久《じょうきゅう》→そのときの相手方は執権・北条義時。

□ ㉛ 1221年，後鳥羽《ごとば》上皇は□□**の乱**を起こしたものの失敗し，隠岐《おき》に流された。

㉜ 水野忠邦→上知令などを出した。

□ ㉜ 老中□□□□は**天保《てんぽう》の改革**を実施した。

㉝ 岸信介《きしのぶすけ》→自民党だけで単独採決を強行した。

□ ㉝ 1960年，□□□首相は**日米安全保障条約の改定**を行った。

㉞ 陸奥宗光《むつむねみつ》，治外→第2次伊藤内閣の外相となった。

□ ㉞ □□□□は日英通商航海条約を締結し，□□**法権の撤廃に成功**した。

㉟ 田沼意次，商業→大商人を保護した。

□ ㉟ □□□□は，窮迫した幕府財政を□□資本との提携により再建しようとした。

3段階チェック	①チャレンジ	②リベンジ	③ラスト
	／35問中	／35問中	／35問中

でる順

世界史

■（　　）あるいは□□に適切な語句または数字を入れなさい。

□ ① □□□□□は**イギリスの政治家**で，第二次世界大戦においてＦ・ローズヴェルト，□□□□□とともに連合軍の勝利に貢献した。

① チャーチル，スターリン→チャーチルは『第二次大戦回顧録』で，1953年ノーベル文学賞を受賞した。

□ ② 1929年10月，ニューヨークの□□□□街の証券取引所で株価が大暴落し，これを機に世界□□が始まった。

② ウォール，恐慌→各国はブロック経済にはしり，ファシズムの台頭につながった。

□ ③ □□□□□が14～16世紀にイタリアを中心に起こり，神中心の中世から，□□中心の近代的な生き方が文学・芸術・思想などにあらわれた。

③ ルネサンス，人間→ルネサンスとは文芸復興のこと。

□ ④ □□□は**中国最初の皇帝**で，（　　）の長城を築いた。

④ 始皇帝《しこうてい》，万里→焚《ふん》書坑儒《しょこうじゅ》（言論・思想統制）を断行した。

□ ⑤ □□□□□1世は一時ヨーロッパの大部分を支配したもののモスクワ遠征に失敗し，最後は□□□□□□島で死去した。

⑤ ナポレオン，セントヘレナ→モスクワ遠征で，飢えと寒さのため軍隊は全滅。

□ ⑥ **聖地イェルサレム奪回**のための数度にわたる大遠征のことを□□□という。

⑥ 十字軍→1096～1270年。この結果，教皇権が衰退した。

⑦ ルイ 14 → “朕《ちん》は国家なり” と言った。

□ ⑦ □□(　　)世は王権神授説をとり，**フランス絶対王政の極盛期**を形成した。

⑧ コロンブス，スペイン→コロンブスは先住民をインディオと呼んだ。

□ ⑧ (　　)は 1492 年 8 月□□□□女王イサベルの命を受けて出航し，バハマ諸島のサンサルバトル島に到着した。

⑨ オーストリア，第一次世界大戦→ 3C 政策と 3B 政策が衝突した。

□ ⑨ 1914 年 6 月，□□□□□□＝ハンガリーの帝位継承者夫妻がサライェヴォで暗殺されたのを機に(　　)が勃発した。

⑩ ルター→ルターの宗教改革は社会改革につながった。

□ ⑩ マルティン＝□□□は 1517 年，教皇レオ 10 世の贖宥状《しょくゆうじょう》(免《めん》罪《ざい》符《ふ》)に反対し，『九十五カ条の論題』を公表した。

⑪ チンギス→ 1227 年，金を攻める途中で病死した。

□ ⑪ □□□□＝ハンは 1206 年，モンゴル帝国の初代皇帝に即位した。

⑫ 劉邦《りゅうほう》→漢の初代皇帝。都を長安におく。

□ ⑫ □□は項羽《こうう》を**垓下《がいか》の戦い**(前 202)で破り，天下を統一した。

⑬ 名誉革命→ 1688 年。ウィリアム 3 世とメアリ 2 世（ジェームズ 2 世の娘）が共同で王位に就いた。

□ ⑬ ジェームズ 2 世の専制に対し，イギリス議会がジェームズ 2 世を追放し，メアリ 2 世と夫ウィリアムを王に迎えた革命を□□□□という。

⑭ クレオパトラ→プトレマイオス朝エジプトの最後の女王。

□ ⑭ □□□□□□7 世はローマの実力者アントニウスと結婚したが，アントニウスがオクタウィアヌスに敗れたため自殺した。

□ ⑮ F・ローズヴェルトは1933年，世界恐慌の最中に米大統領に就任し，□□□□□□□と呼ばれる一連の経済政策を推進した。

⑮ ニューディール→1944年に四選されたが，第二次世界大戦終結直前に急死した。

□ ⑯ □□□□は古代ローマの政治家，軍人で，ポンペイウス，クラッススとともに第1回**三頭政治**を行ったが，最後は反対派に暗殺された。

⑯ カエサル→全ローマを支配し，元老院の改革を推進した。『ガリア戦記』などの著作も残した。

□ ⑰ 唐の□□皇帝は開元の治と呼ばれる善政を行ったが，後に□□□を愛してこれにおぼれたため，政治は乱れた。

⑰ 玄宗，楊貴妃→この結果，安史の乱が起きた。

□ ⑱ □□□□□はインドの政治家で，第一次世界大戦後，インド民衆の□□□□政府への反発が強まる中，非暴力での非協力運動を展開した。

⑱ ガンディー，イギリス→ガンディーはヒンドゥー教徒の青年によって暗殺された。

□ ⑲ □□□□□はドイツの鉄血宰相と呼ばれ，デンマーク，オーストリア，そして□□□□との戦いに勝利し，1871年にドイツ帝国を建国した。

⑲ ビスマルク，フランス→ヴィルヘルム1世の死後，ヴィルヘルム2世と意見があわず引退した。

□ ⑳ □□□戦争は林則徐《りんそくじょ》の広東における□□□没収を機に始まった(　　)**と清《しん》との間の戦い**である。

⑳ アヘン，アヘン，イギリス→イギリスは連戦連勝で，清は屈服した。

□ ㉑ 1919年1月，第一次世界大戦の戦後処理のため，(　　)で講和会議が開かれた。

㉑ パリ→ドイツはヴェルサイユ条約に調印した。

□ ㉒ □□□□□□□□□3世は全ギリシアを征服後，東征を始め，東はインダス川に達する**世界帝国を建設**した。

㉒ アレクサンドロス→この結果，ヘレニズム文化がつくられた。

□ ㉓ □□□□＝ハンはチンギス＝ハンの孫で，1279年に**南□を滅ぼして中国全土を支配**した。

㉓ フビライ，宋→フビライ＝ハンは元朝の初代皇帝。

□ ㉔ □□は隋代に始まり清朝末期まで行われた官吏登用試験である。

㉔ 科挙→宋代以降，同制度が名実ともに整備された。

□ ㉕ ロシアでは三月革命により□□□□王朝が崩壊し，その後□□□□の指導のもとにソヴィエト政権が誕生した。これが(　　)月革命である。

㉕ ロマノフ，レーニン，十一→三月革命，十一月革命とも，1917年に起きた。

□ ㉖ □□□□会議(1814～15)はナポレオン戦争後のヨーロッパの諸問題を解決するために開かれた国際会議である。

㉖ ウィーン→タレーランの主張した正統主義が基本原則となる。

□ ㉗ トマス＝□□□□□□□はアメリカ独立宣言の起草に中心的役割を果たし，のちにアメリカ第3代大統領になった。

㉗ ジェファソン→アメリカ初代大統領はワシントン。

□ ㉘ ヴェネツィアの商人□□□＝□□□は中国を訪れて，元朝の皇帝フビライ＝ハンに仕えた。

㉘ マルコ，ポーロ→その見聞は『世界の記述』(『東方見聞録』)にまとめられた。

3段階チェック	①チャレンジ	②リベンジ	③ラスト
	／28問中	／28問中	／28問中

でる順

世界の地理

■（　　）あるいは□□に適切な数字あるいは語句を入れなさい。

□ ① 世界の人口は2022年11月に（　　）億人に達した。また，その約60％を□□□が占めている。

① 80，アジア→アジアに次いでアフリカが約18％を占めている。

□ ② 2022年の国別自動車生産台数は（　　）がトップで，（　　），（　　）と続いている。

② 中国，アメリカ，日本→第4位はインド，第5位は韓国である。

□ ③ 原油生産量が 2019 ～ 2022 年の間，世界一であるのは（　　）である。

③ アメリカ→次いで，サウジアラビア，ロシアの順である。

□ ④ 鉄鉱石とボーキサイトの生産量は長年にわたり（　　）が世界一である。

④ オーストラリア→鉄鉱石の生産量第2位はブラジル，ボーキサイトは中国。

□ ⑤ 小麦の生産量は長年にわたり（　　）が世界第1位で，第2位は□□□である。

⑤ 中国，インド→第3位はロシア。

□ ⑥ □□□は小アジア半島とバルカン半島の一部から成る。大部分がイスラム教徒で，西ヨーロッパへの出稼ぎが多い。

⑥ トルコ→トルコの面積は日本の約2倍。首都はアンカラ。

□ ⑦ カリブ海やメキシコ湾に発生する熱帯低気圧のことを（　　）という。

⑦ ハリケーン→8～9月に最も多く発生する。

□ ⑧ □□□□□湖の面積はカスピ海に次ぐが，淡水湖としては世界最大である。

⑧ **スペリオル**→五大湖のうち，スペリオル湖は最も西に位置する。

□ ⑨ 世界で最も人口密度の高い国は□□□であり，2番目に高い国は□□□□□□である。

⑨ **モナコ，シンガポール**→地域を含めるとマカオが最も高い。

□ ⑩ 2021年における世界の米の輸出量トップは（　　）であり，米の輸入量トップは（　　）である。

⑩ **インド，中国**→米の生産量は中国が第1位，インドが第2位である。

□ ⑪ 銅鉱の生産量は長年にわたり（　　）が世界一であり，すず鉱の生産量は長年にわたり（　　）が世界一である。

⑪ **チリ，中国**→銅鉱の第2位はペルー，すず鉱の第2位はインドネシアである。

□ ⑫（　　）はロサンゼルスとともにカリフォルニア州の政治・経済の中心地であり，気候は（　　）気候であることから一年を通して気温の差が小さい。

⑫ **サンフランシスコ，地中海性**→シリコンバレーに近いため，コンピュータ系の企業が多い。

□ ⑬（　　）は南アメリカ大陸西部に位置し，アンチョビー（かたくちいわし）の漁獲が盛んで，それを加工場で魚粉にし，飼料として輸出している。

⑬ **ペルー**→ペルーはインカ帝国（首都クスコ）の中心地である。

□ ⑭ □□□□□図法は，等角航路が直線で示されるので海図としての利用価値が大きい。

⑭ **メルカトル**→経線・緯線は互いに直交する平行直線である。

□ ⑮ □□□□□□海峡はイベリア半島南端とアフリカ北西端に位置する□□□□との間の海峡で，大西洋と地中海を結ぶ国際海峡である。

⑮ ジブラルタル，モロッコ→同海峡の北岸はスペイン，およびイギリス領ジブラルタルである。

□ ⑯ 氷河の浸食を受けた谷が沈水してできた細長い入江を（　　）という。

⑯ フィヨルド→海岸は奥深くまで続いている。

□ ⑰（　　）とは，アメリカ合衆国の中央部からカナダにかけての大草原のことで，□色の（　　）土におおわれている。

⑰ プレーリー，黒，プレーリー→代表的な穀倉地帯となっている。

□ ⑱ コーヒー生豆の生産量（2021 年）は，ブラジル，□□□□，インドネシアの順となっている。

⑱ ベトナム→第４位はコロンビア，第５位はエチオピアである。

□ ⑲ 天然ガスの生産量（2021 年）はここ数年（　　）が世界第１位で，□□□，イランと続いている。

⑲ アメリカ，ロシア→天然ガス埋蔵量は，ロシア，イランの順に多い。

□ ⑳ □□□□山脈は，□□□□□□，イタリア，ドイツ，□□□，フランスなどの国にまたがり，最高峰□□□□□はイタリアとフランスの国境をなしている。

⑳ アルプス，オーストリア，スイス，モンブラン→モンブランのほかに，マッターホルン，アイガーなどの山々がある。

□ ㉑ 石炭の最大の輸出国はここ数年，□□□□□□である。

㉑ インドネシア→最大の輸入国は中国である。

□ ㉒ アフリカ大陸とアラビア半島に囲まれた細長い海洋を（　　）という。

㉒ 紅海→北はスエズ運河を経て，地中海につながる。

㉓ サントス→1908年，日本からの正式移民がサントス港に到着した。

□ ㉓ □□□□はブラジルのサンパウロ州にある港湾都市で，コーヒー，大豆，自動車などの輸出拠点となっている。

㉔ 黒海→ミシシッピ川はメキシコ湾，アマゾン川は大西洋に注ぐ。

□ ㉔ ドナウ川はレマン湖に発し，東欧諸国の国境河川となって（　　）に注いでいる。

㉕ ポーランド→バルト海沿岸は琥珀の産地として有名である。

□ ㉕（　　）はバルト海に面した平原の国である。シロンスク地方の石炭をはじめ，銀などの鉱物資源が豊富である。

㉖ フィラデルフィア→独立宣言を発した歴史的都市であるので，観光客も多い。

□ ㉖ □□□□□□□□□□は，アメリカ合衆国のペンシルバニア州南東端にある同州最大の都市で，ニューヨークに次ぐ大貿易港である。

㉗ マレーシア→イスラム教が国教であるが，仏教，ヒンドゥー教，キリスト教など多様である。

□ ㉗（　　）は多民族国家で，首都はクアラルンプール。天然ゴムの生産量（2021年）は世界第7位，アブラヤシの実から採れるパーム油(2020年)は世界第2位である。

㉘ ナイル川，アマゾン川→アマゾン川は世界第2の長い川である。

□ ㉘ 世界で最も長い川は（　　），流域面積が最も広いのは（　　）である。

㉙ エクアドル，ブラジル

□ ㉙ 南アメリカで，赤道が通る国は，□□□□□，コロンビア，□□□□である。

3段階チェック	①チャレンジ	②リベンジ	③ラスト
	／29問中	／29問中	／29問中

でる順

日本の地理

■（　　）あるいは□□に適切な語句を入れなさい。

□ ① みかんの収穫量（2021年）が最も多いのは（　　）県，りんごの収穫量が最も多いのは（　　）県である。

① 和歌山，青森→みかんの収穫量第２位は愛媛県である。

□ ② キャベツの収穫量（2021年）が最も多いのは（　　）県，レタスの収穫量が最も多いのは（　　）県である。

② 群馬，長野→キャベツの収穫量第２位は愛媛県で，首位に肉薄している。

□ ③ 日本の原油の輸入先（2021年）は（　　）が最も多く，（　　）連邦，クウェートの順である。

③ サウジアラビア，アラブ首長国→石油製品は韓国からの輸入が最大である。

□ ④ 日本の最大の輸出国は（　　）であり，最大の輸入国も（　　）である。

④ 中国，中国→第２位はいずれもアメリカである。

□ ⑤ 日本の発電電力量の発電源別割合(2020年)をみると，最も大きな割合を占めるのが□□で，第2位は□□□□□□□□□□である。

⑤ 火力，再生可能エネルギー→第３位は水力，第４位は原子力である。

□ ⑥ 都道府県別人口で，２番目に多いのは（　　），３番目に多いのは（　　）。一方，人口が最も少ないのは（　　）である。

⑥ 神奈川県，大阪府，鳥取県→２番目に少ないのは島根県である。

□ ⑦ 47都道府県のうち，面積が最も小さいのは（　　），2番目に小さいのは（　　），3番目に小さいのは（　　）である。

⑦ 香川県，大阪府，東京都→最も大きいのは北海道，２番目は岩手県である。

⑧ 山梨，和歌山→山梨県はぶどうの収穫量，和歌山県はかきの収穫量も日本一。

□ ⑧ ももの収穫量（2021 年）が最も多いのは□□県，うめの収穫量が最も多いのは（　　）県である。

⑨ 栃木，茨城→いちごの収穫量第２位は福岡県である。

□ ⑨ いちごの収穫量（2021 年）が最も多いのは□□県，メロンの収穫量が最も多いのは□□県である。

⑩ アメリカ→アメリカはとうもろこしの生産量世界一である。

□ ⑩ 日本がとうもろこしと大豆を最も多く輸入しているのは（　　）である。

⑪ フィリピン→パイナップルもフィリピンが第１位である。

□ ⑪ 日本がバナナを最も多く輸入しているのは□□□□□である。

⑫ アメリカ，ドイツ→輸出先の第３位は中国，輸入先の第３位はアメリカである。

□ ⑫ 日本の自動車の輸出先（2021 年）は（　　），オーストラリア，輸入先は（　　），タイの順に多い。

⑬ 鉄道，自動車→貨物の第２位は内航海運，第３位は鉄道である。

□ ⑬ 国内の輸送機関別輸送量（2021 年）をみると，旅客は□□，貨物は□□□が最も大きな割合を占めている。

⑭ 霞ヶ浦→第３位はサロマ湖，第４位は猪苗代湖。

□ ⑭ 国内の湖沼で，面積が琵琶湖に次いで大きいのは□□□である。

⑮ 沖縄→人口の自然増加とは，出生と死亡の差によって生じる人口の増加のこと。

□ ⑮ 2021年1年間の人口の増減を都道府県別にみると，自然増加となったのは（　　）県のみである。

3段階チェック	①チャレンジ	②リベンジ	③ラスト
	／15問中	／15問中	／15問中

でる順

時事

■（　　）あるいは□□に適切な語句または数字を入れなさい。

□ ① □□□□□・□□□とは，アジア，アフリカ，中東，中南米などの新興国・途上国の総称のことである。ただし，これには□□□，□□は含まれない。

① グローバル，サウス，ロシア，中国
→グローバル・サウスは最近，世界で存在感を増している。

□ ② 2023年4月，（　　）がNATO（北大西洋条約機構）に正式加盟した。また，同年7月，トルコが（　　）のNATO加盟に賛成した。

② フィンランド，スウェーデン→トルコがスウェーデンの加盟を承認した場合，ハンガリーも承認する意向を示している。

□ ③ □□型AIとは，質問を投げかけると，人間と自然に会話するように文章で返事をしてくれるAIのことで，世界的な注目が集まっている。

③ 対話→対話型AIの典型は，米新興企業オープンAIが開発した「Chat GPT」である。

□ ④ □□□□□・ウェッブ宇宙望遠鏡はハッブル宇宙望遠鏡の後継機で，2022年7月以降，遠方の銀河の鮮明な画像が次々に公開されている。

④ ジェイムズ→ジェイムズ・ウェッブ宇宙望遠鏡の最大の目的は，宇宙誕生の謎を解明することにある。

□ ⑤ イギリスの□□□□□国王の戴冠式が2023年5月，ロンドン中心部の□□□□□□□□□寺院で行われた。

⑤ チャールズ，ウェストミンスター→エリザベス女王は2022年9月に死去した。

□ ⑥ □□ AIとは，人間の指示にもとづいて，文章，画像，動画などを□□するAIのことで,「Generative（ジェネレーティブ）AI」とも呼ばれる。

⑥ 生成，生成→生成AIの特徴は，創造することを目的に，AIが学習することにある。

□ ⑦ 時間外労働の上限規制はすでに大半の業界で実施されているが，物流，建設などの一部業界では（　　）年3月まで猶予期間が設けられている。そのため，（　　）年4月以降，□□不足が深刻化すると考えられている。

⑦ 2024，2024，人手→これを2024年問題という。労働時間の上限規制がなされると，物流業界では安定輸送が困難になると思われる。

□ ⑧ 2023年5月，G7サミット（先進7か国首脳会議）が日本の□□市で開催された。また，同サミットにはロシアと戦うウクライナの□□□□□□大統領が招待された。

⑧ 広島，ゼレンスキー→同サミットでは，ウクライナに対する全面支援が確認された。

□ ⑨ □□水とは，東京電力福島第1原子力発電所で発生した□□水を専用設備により放射性物質の濃度を低減した後，大量の海水で薄めた水のことである。なお，政府は□□水の海洋放出を2021年4月に決定した。

⑨ 処理，汚染，処理→2023年8月末に第1回目の処理水の海洋放出が行われたことで，中国向けの水産物の輸出に影響が出ている。

□ ⑩ 大阪府・大阪市が推進するカジノを含む統合型リゾート（□□）の整備計画が2023年4月に認定された。整備計画によると，大阪湾の人工島・□□に建設される予定で，2029年秋～冬の開業を目指している。

⑩ IR，夢洲→長崎県も整備計画を国土交通省に提出していたが，資金面に課題があるとして，継続審査となった。

□ ⑪ 政策金利とは，中央銀行が景気や物価の安定を目的に上下させる金利のことで，アメリカの政策金利は□□□□□ファンド（FF）金利と呼ばれる。

□ ⑫ □□□□帯は積乱雲が風向きなどにより何個も発生することで作り出されるもので，特定の地域に数時間にわたり大雨が降るため，大きな災害を引き起こすこともある。

□ ⑬ カーボン□□□□□□とは，温室効果ガスの排出量と森林などの吸収量を均衡させ，温室効果ガスの排出を実質ゼロにすること。

□ ⑭ □□□□とは，かつてプーチン大統領の“料理人”とも呼ばれたプリコジン氏が創設した民間軍事会社で，ロシア政府の“裏部隊”として（　　）侵攻などで中心的役割を担った。

□ ⑮ □□□型雇用とは，人材を募集する際，社員ごとに職務内容を明確にし，雇用契約を行うもので，昇進・昇格は実績重視となる。

□ ⑯ □□□は個人型確定拠出年金のことで，その狙いは老後の資金作りのために公的年金に上乗せできることにある。

⑪ フェデラル→アメリカの場合，政策金利は米連邦準備理事会（FRD）が決定する。

⑫ 線状降水→線状降水帯の大きさは，幅20～50km，長さ50～200kmで数時間同じ場所にとどまる傾向がある。

⑬ ニュートラル→日本政府は2050年までに温室効果ガスの排出を実質ゼロにする目標をかかげた。

⑭ ワグネル，ウクライナ→プリコジン氏は2023年8月，搭乗する小型飛行機の墜落により死亡したものと考えられる。

⑮ ジョブ→この背景には，人材獲得競争が激化する今日，従来の雇用制度では対応できないことがある。

⑯ イデコ（iDeCo）→そのため，60歳以降に年金や一時金として受け取ることになる。

⑰ 1，量子，1→「重ね合わせ」の技術により，計算回数を従来のコンピューターよりも格段に減らすことが可能となる。

□ ⑰ 従来のコンピューターが情報を処理する際，1回につき「0」か「□」のどちらかしか使えないのに対し，□□コンピューターは「0」と「□」を同時に使う，いわゆる「重ね合わせ」の状態をつくることで情報を処理するものである。

⑱ アルテミス，ゲートウェイ→ゲートウェイを拠点に，宇宙飛行士を月に着陸させる。

□ ⑱ □□□□□はアメリカ主導で推進されている有人月探査計画のこと。また，月を回る軌道に宇宙ステーション「□□□□□□」を建設し，ここを拠点に火星探査も目指す予定である。

⑲ トルコ，シリア→これは世界最大規模の内陸型地震とみられる。なお，「人災」との見方も強い。

□ ⑲ 2023年2月，□□□南部から□□□北部にかけてマグニチュード（M）7.8の強い地震が発生した。また，その数時間後にはマグニチュード（M）7.6の地震が発生し，両国あわせて5万人以上が死亡した。

⑳ 所得制限，高校，3→法令の整備などが必要なため，最初の支給日は2025年2月になる。

□ ⑳ 政府は2023年6月，児童手当の□□□□を撤廃し，給付期間を□□生まで延長し，第3子以降は給付額を月□万円に倍増することを決めた。

㉑ メタバース，アバター→「メタ」は「超越した」という意味。それに，「宇宙」を意味する「ユニバース」を組み合わせたもの。

□ ㉑ □□□□□とは，インターネット上に作られた仮想空間のこと。仮想空間において，自らの分身である□□□□を動かして，他の利用者と交流することで，ビジネスを行うものである。

□ ㉒ □□とはデジタルトランスフォーメーションのことで，データとデジタル技術を活用して人々の生活をあらゆる面でよい方向に変えること。

□ ㉓ QUADとは，日本，アメリカ，□□□□□□□，□□□の4か国が安全保障などで協力する枠組みのことで，軍事的，経済的に台頭する□□に対抗することを目的としている。

□ ㉔ 2023年6月，□□□□証の原則廃止を盛り込んだ改正□□□□□□□法など関連改正法が成立したことで，2024年秋に□□□□証を廃止して□□□□□□□カードに一本化することが加速することになった。

□ ㉕ 米ハワイ州□□□島で2023年8月に山火事があり，死者数は50人以上，行方不明者は1,000人以上に達した。

□ ㉖ □□□□融資とは，新型コロナウイルス対策として政府が始めた実質無利子・無担保で融資する制度。ところが，2023年春以降その返済が順次始まったため，それに伴い□□企業の倒産が増加している。

㉒ DX→Dは「Digital」の頭文字。「Transformation」の「Trans」をXと略す。

㉓ オーストラリア，インド，中国→2021年3月，オンライン形式で初の首脳協議が行われた。「クアッド」は4つを意味する。

㉔ 健康保険，マイナンバー，健康保険，マイナンバー→この背景には，期限を区切って保険証を廃止することで，カードの普及を一気に進める狙いがある。

㉕ マウイ→この山火事により，ハワイ王国の首都であった歴史的な町，ラハイナは壊滅的な被害を受けた。

㉖ ゼロゼロ，中小→倒産の原因はこのほかに手厚い公的支援の打ち切り，物価高などがある。

㉗ 固定，プレミアム
→ FIP 制度では，市場の実勢価格に補助金（プレミアム）を加えたものが売電価格となる。

□ ㉗ 再生可能エネルギーの導入支援制度として，2022 年 4 月から従来の FIT 制度（□□価格買い取り制度）にかわり，FIP 制度（フィード・イン・□□□□□）が採用された。

㉘ 空飛ぶ，空飛ぶ→大阪・関西万博での運航後，2026年から量産を開始することを目指している。

□ ㉘ ベンチャー企業であるスカイドライブは「□□□クルマ」などを開発している。2023 年 6 月，同社はスズキと協力体制の基本合意に達したことで，「□□□クルマ」を 2 人乗りから 3 人乗りに設計変更した。

㉙ サウジアラビア，アルゼンチン，エチオピア→中国とロシアは BRICS の拡大に前向きであり，一方，インドは消極的であった。

□ ㉙ BRICS 首脳会議が 2023 年 8 月に開催され，2024 年 1 月からエジプト，イラン，□□□□□□□□，アラブ首長国連邦，□□□□□□□，□□□□□□の 6 か国が新たに加盟することで合意した。

㉚ サステナビリティ，持続可能→サステナビリティを実現するため，国連で 2015 年に「SDGs」が採択された。

□ ㉚ □□□□□□□□□は「□□□□性」と訳されるもので，自然環境や人間社会を将来にわたって，現在の価値を失うことなく，保ち続けていくことを目指す考え方のこと。

㉛ 人工知能，AI →現在は AI 研究の第 3 次ブームである。

□ ㉛（　　）とは，人間の脳が行う知的作業を行う能力を備えたコンピュータープログラムのことで，略称は□□。

3段階チェック	①チャレンジ	②リベンジ	③ラスト
	／31 問中	／31 問中	／31 問中

よくでる　英略語

AI	人工知能
APEC	アジア太平洋経済協力会議
ASEAN	東南アジア諸国連合
COP	国連気候変動枠組条約締約国会議
CTBT	包括的核実験禁止条約
DX	デジタルトランスフォーメーション
ECB	欧州中央銀行
EEZ	排他的経済水域
EPA	経済連携協定
ETF	上場投資信託
EU	欧州連合
EV	電気自動車
FRB	米連邦準備制度理事会
FTA	自由貿易協定
GDP	国内総生産
GPS	全地球測位システム
GX	グリーン・トランスフォーメーション
IAEA	国際原子力機関
IBRD	国際復興開発銀行
ICT	情報通信技術
IEA	国際エネルギー機関
ILO	国際労働機関
IMF	国際通貨基金
Iot	モノのインターネット
IPEF	インド太平洋経済枠組み
IR	カジノを含む統合型リゾート
ISS	国際宇宙ステーション
JAXA	宇宙航空研究開発機構
M&A	企業の合併・買収
NASA	アメリカ航空宇宙局
NATO	北大西洋条約機構
NISA	少額投資非課税制度
NPT	核不拡散条約
ODA	政府開発援助
OECD	経済協力開発機構
OPEC	石油輸出国機構
PKO	平和維持活動
PLO	パレスチナ解放機構
POS	販売時点情報管理
RCEP	地域的包括的経済連携
SDGs	持続可能な開発目標
TICAD	アフリカ開発会議
TOB	株式公開買い付け
TOPIX	東証株価指数
TPP	環太平洋経済連携協定
UN	国際連合
UNCTAD	国連貿易開発会議
UNESCO	国連教育科学文化機関
UNHCR	国連難民高等弁務官事務所
UNICEF	国連児童基金
WHO	世界保健機関
WTO	世界貿易機関

Chapter 2

漢字の常識

2

でる順

書き取り

■太字の部分を漢字に直しなさい。

□ ① 論より**ショウコ**。

□ ② 社会の**チツジョ**を乱す。

□ ③ 文章の内容を**ハアク**する。

□ ④ 科学の**シンコウ**を図る。

□ ⑤ お金の**クメン**がつかない。

□ ⑥ 他人に**メイワク**をかける。

□ ⑦ 日本の政治は**フハイ**している。

□ ⑧ サミットが東京で**カイサイ**される。

□ ⑨ **コウチョク**した現状を打開する。

□ ⑩ 車の音が夜の**セイジャク**を破る。

□ ⑪ 彼は**ゼント**有望だ。

□ ⑫ 野球部の**カントク**にしかられる。

□ ⑬ 余病を**ヘイハツ**する。

① 証拠→事実を証明するよりどころ。

② 秩序→社会生活上の決まり。

③ 把握→完全に理解すること。

④ 振興→物事が盛んになるようにすること。

⑤ 工面→金銭などを集めるため工夫すること。

⑥ 迷惑→ある行為により不利益などを感じること。

⑦ 腐敗→くさること。

⑧ 開催→会や催物を行うこと。

⑨ 硬直→固定化して，柔軟性がないこと。

⑩ 静寂→物音もせず静かなこと。

⑪ 前途→将来。これから先の行程。

⑫ 監督→人の上に立ち，指図すること。

⑬ 併発→同時に起こること。

⑭ 欠陥→不備であること。

⑮ 要領→処理・処置のしかた。要点。

⑯ 政策→政府などがとる方策や方針のこと。

⑰ 企画→計画を立てること。

⑱ 報酬→労力などの使用に対する謝礼。

⑲ 到底→どんなにしても。

⑳ 安否→無事かどうかということ。

㉑ 破産→財産をすべて失うこと。

㉒ 厳密→きびしいさまのこと。

㉓ 横暴→勝手で乱暴なこと。

㉔ 訓練→教えこんで慣れさせること。

㉕ 孝行→親に尽くすこと。

㉖ 興味→おもしろみ。関心。

㉗ 潮流→時勢の動き。

㉘ 妥協→互いに譲歩して事をまとめること。

□ ⑭ 先月買った車は**ケッカン**車だった。

□ ⑮ **ヨウリョウ**よくまとめる。

□ ⑯ 外交**セイサク**を転換する。

□ ⑰ **キカク**室に配属となる。

□ ⑱ 仕事の**ホウシュウ**を受け取る。

□ ⑲ 彼には**トウテイ**かなわない。

□ ⑳ 家族の**アンピ**を気遣う。

□ ㉑ 株の売買で**ハサン**する。

□ ㉒ **ゲンミツ**に言うと違う。

□ ㉓ 上司の**オウボウ**な振る舞い。

□ ㉔ 避難**クンレン**を行う。

□ ㉕ **コウコウ**のしたい時分に親はなし。

□ ㉖ **キョウミ**本位の記事。

□ ㉗ 時代の**チョウリュウ**に逆らう。

□ ㉘ 相手方に**ダキョウ**案を示す。

□ ㉙ 困難を**コクフク**する。

㉙ 克服→困難をのりこえること。

□ ㉚ 戦火の**キョウイ**にさらされる。

㉚ 脅威→強い力でおびやかすこと。

□ ㉛ **アイサツ**を交わす。

㉛ 挨拶→人と会ったときなどに取り交わす儀礼など。

□ ㉜ 会議を**エンカツ**に運ぶ。

㉜ 円滑→物事がすらすらといくこと。

□ ㉝ 貸し借りを**ソウサイ**する。

㉝ 相殺→差し引きして帳消しにすること。

□ ㉞ 社会**フクシ**の充実を図る。

㉞ 福祉→幸福。しあわせ。

□ ㉟ **チョウハツ**的な態度をとる。

㉟ 挑発→相手を刺激し，事などを起こさせること。

□ ㊱ **アクシュウ**を放つ。

㊱ 悪臭→いやなにおい。

□ ㊲ **シゲン**に乏しい国。

㊲ 資源→生産活動のもととなる物質。

□ ㊳ **トッシュツ**した才能の持ち主。

㊳ 突出→つき出ること。

□ ㊴ 時間に**セイヤク**される。

㊴ 制約→活動の自由を制限すること。

□ ㊵ 空気が**キハク**だ。

㊵ 希薄→気体の密度などが薄いこと。

□ ㊶ 中小企業の**トウサン**が社会問題となる。

㊶ 倒産→企業がつぶれること。

□ ㊷ 県政を**サッシン**する。

㊷ 刷新→気風をまったく新しくすること。

□ ㊸ 先例を**トウシュウ**する。

㊸ 踏襲→前人の考えなどをそのまま受け継ぐこと。

㊹ 金融→お金の融通のこと。

㊺ 渋滞→道路が混雑して，前に進めないこと。

㊻ 貿易→外国と商業取引を行うこと。

㊼ 端緒→物事の手がかりのこと。

㊽ 転嫁→罪などを他人になすりつけること。

㊾ 幽霊→お化け。

㊿ 拘束→行動の自由をしばること。

(51) 削減→削って減らすこと。

(52) 粉飾→うわべを飾ること。

(53) 創業→事業を新しく始めること。

(54) 緩衝→不和や衝突をやわらげること。

(55) 繁栄→栄えること。

(56) 暗礁→隠れ岩のこと。

(57) 掲載→新聞などに文章などをのせること。

□ ㊹ **キンユウ**の抜本的改革を推進する。

□ ㊺ 交通**ジュウタイ**にまきこまれる。

□ ㊻ 日中**ボウエキ**が盛んになる。

□ ㊼ 問題解決の**タンショ**をつかむ。

□ ㊽ 責任を部下に**テンカ**する。

□ ㊾ あの森には**ユウレイ**が出る。

□ ㊿ 身柄を**コウソク**する。

□ (51) 経費を大幅に**サクゲン**する。

□ (52) 事実を**フンショク**する。

□ (53) 来年で**ソウギョウ** 50 年になる。

□ (54) 両国の間に**カンショウ**地帯を設ける。

□ (55) 一家の**ハンエイ**を祈る。

□ (56) 交渉が**アンショウ**に乗りあげる。

□ (57) 新聞に広告を**ケイサイ**する。

3段階チェック	①チャレンジ	②リベンジ	③ラスト
	／57 問中	／57 問中	／57 問中

でる順　まちがえやすい書き取り

■正しい漢字を選びなさい。

□ ① 強 張 —— 強 調（きょうちょう）

□ ② 結 論 —— 決 論（けつろん）

□ ③ 購 買 —— 購 売（こうばい）

□ ④ 徐 外 —— 除 外（じょがい）

□ ⑤ 化 身 —— 化 神（けしん）

□ ⑥ 労 動 —— 労 働（ろうどう）

□ ⑦ 縮 少 —— 縮 小（しゅくしょう）

□ ⑧ 洋 裁 —— 洋 栽（ようさい）

□ ⑨ 温 好 —— 温 厚（おんこう）

□ ⑩ 余 世 —— 余 生（よせい）

□ ⑪ 本 者 —— 本 物（ほんもの）

□ ⑫ 無 中 —— 夢 中（むちゅう）

□ ⑬ 感 慨 —— 感 概（かんがい）

(比) 漢字の意味を考えながら，いっしょに覚えよう。

① 強調

② 結論

③ 購買

④ 除外→ (比)徐行

⑤ 化身

⑥ 労働→ (比)自動

⑦ 縮小

⑧ 洋裁→ (比)盆栽

⑨ 温厚

⑩ 余生

⑪ 本物

⑫ 夢中

⑬ 感慨→ (比)概要

⑭ 慢性→ (比)漫然

⑮ 面倒

⑯ 紛争→ (比)粉砕

⑰ 反抗

⑱ 仮病

⑲ 無謀

⑳ 肉親

㉑ 劇薬

㉒ 孤児→ (比)円弧

㉓ 最低→ (比)基底

㉔ 収穫→ (比)捕獲

㉕ 互角

㉖ 騰貴→ (比)騰本

㉗ 祝儀

㉘ 持論

□ ⑭ 慢　性 —— 漫　性（まんせい）

□ ⑮ 面　到 —— 面　倒（めんどう）

□ ⑯ 粉　争 —— 紛　争（ふんそう）

□ ⑰ 反　抗 —— 反　坑（はんこう）

□ ⑱ 仮　病 —— 気　病（けびょう）

□ ⑲ 無　謀 —— 無　暴（むぼう）

□ ⑳ 肉　身 —— 肉　親（にくしん）

□ ㉑ 激　薬 —— 劇　薬（げきやく）

□ ㉒ 孤　児 —— 弧　児（こじ）

□ ㉓ 最　底 —— 最　低（さいてい）

□ ㉔ 収　穫 —— 収　獲（しゅうかく）

□ ㉕ 互　格 —— 互　角（ごかく）

□ ㉖ 謄　貴 —— 騰　貴（とうき）

□ ㉗ 祝　義 —— 祝　儀（しゅうぎ）

□ ㉘ 自　論 —— 持　論（じろん）

□㉙小僧——子僧（こぞう）

□㉚是非——是否（ぜひ）

□㉛勇退——雄退（ゆうたい）

□㉜仕末——始末（しまつ）

□㉝相撲——相僕（すもう）

□㉞生来——性来（せいらい）

□㉟予断——余断（よだん）

□㊱固有——個有（こゆう）

□㊲切半——折半（せっぱん）

□㊳難行——難航（なんこう）

□㊴反復——反複（はんぷく）

□㊵辛棒——辛抱（しんぼう）

□㊶散索——散策（さんさく）

□㊷混惑——困惑（こんわく）

□㊸類形——類型（るいけい）

㉙小僧

㉚是非

㉛勇退

㉜始末

㉝相撲

㉞生来

㉟予断→事前に判断すること

㊱固有

㊲折半→半分に分けること

㊳難航

㊴反復

㊵辛抱

㊶散策

㊷困惑

㊸類型

44 制圧	□ 44 制　圧――征　圧（せいあつ）
45 失神	□ 45 失　身――失　神（しっしん）
46 裁量	□ 46 才　量――裁　量（さいりょう）
47 毒舌	□ 47 毒　説――毒　舌（どくぜつ）
48 脱穀	□ 48 脱　殻――脱　穀（だっこく）
49 着服	□ 49 着　腹――着　服（ちゃくふく）
50 逐次→順次	□ 50 逐　時――逐　次（ちくじ）
51 怠慢	□ 51 怠　慢――怠　漫（たいまん）
52 疲弊→（比）貨幣	□ 52 疲　弊――疲　幣（ひへい）
53 若干→（比）弱冠	□ 53 弱　干――若　干（じゃっかん）
54 匹敵	□ 54 匹　適――匹　敵（ひってき）
55 未然	□ 55 未　前――未　然（みぜん）
56 聴衆	□ 56 聴　衆――聴　集（ちょうしゅう）
57 躍起	□ 57 躍　気――躍　起（やっき）

漢字の常識

3段階チェック	①チャレンジ	②リベンジ	③ラスト
	／57問中	／57問中	／57問中

でる順　読み

■次の漢字の読みを書きなさい。

□①貸借	□②意図
□③稲作	□④渋滞
□⑤相性	□⑥気配
□⑦円滑	□⑧本望
□⑨合致	□⑩出納
□⑪緩和	□⑫分析
□⑬矛盾	□⑭濫用
□⑮必定	□⑯発端
□⑰指図	□⑱真紅
□⑲妥協	□⑳抑制
□㉑一途	□㉒便宜
□㉓勘定	□㉔遂行
□㉕嫌悪	□㉖福音
□㉗精進	□㉘会釈

①たいしゃく	②いと
③いなさく	④じゅうたい
⑤あいしょう	⑥けはい
⑦えんかつ	⑧ほんもう
⑨がっち	⑩すいとう
⑪かんわ	⑫ぶんせき
⑬むじゅん	⑭らんよう
⑮ひつじょう	⑯ほったん
⑰さしず	⑱しんく
⑲だきょう	⑳よくせい
㉑いちず（いっと）	㉒べんぎ
㉓かんじょう	㉔すいこう
㉕けんお	㉖ふくいん
㉗しょうじん	㉘えしゃく

㉙ ゆいしょ	㉚ こんりゅう
㉛ ざんじ	㉜ ずきん
㉝ もうじゃ	㉞ そうへき
㉟ たづな	㊱ じょうぶつ
㊲ ほうふ	㊳ ぜせい
㊴ ていさい	㊵ じょうせき
㊶ へんせん	㊷ ゆいごん
㊸ けねん	㊹ そうさい
㊺ しょさ	㊻ ぎょうそう
㊼ あんぎゃ	㊽ いっし
㊾ ぜんじ	㊿ はたん
51 ちき	52 こうえき
53 だんじき	54 なついん
55 りこう	56 せきじつ

□ ㉙ 由　緒	□ ㉚ 建　立
□ ㉛ 暫　時	□ ㉜ 頭　巾
□ ㉝ 亡　者	□ ㉞ 双　璧
□ ㉟ 手　綱	□ ㊱ 成　仏
□ ㊲ 抱　負	□ ㊳ 是　正
□ ㊴ 体　裁	□ ㊵ 定　石
□ ㊶ 変　遷	□ ㊷ 遺　言
□ ㊸ 懸　念	□ ㊹ 相　殺
□ ㊺ 所　作	□ ㊻ 形　相
□ ㊼ 行　脚	□ ㊽ 一　矢
□ ㊾ 漸　次	□ ㊿ 破　綻
□ 51 知　己	□ 52 交　易
□ 53 断　食	□ 54 捺　印
□ 55 履　行	□ 56 昔　日

3段階チェック	①チャレンジ	②リベンジ	③ラスト
	／56問中	／56問中	／56問中

漢字の常識

でる順

まちがえやすい読み

■次の漢字の読みを書きなさい。

□①音頭	□②発足
□③風呂	□④息子
□⑤部屋	□⑥笑顔
□⑦脚気	□⑧風情
□⑨椅子	□⑩迷子
□⑪平生	□⑫明後日
□⑬下手	□⑭奉行
□⑮無駄	□⑯遊山
□⑰内訳	□⑱稲妻
□⑲木綿	□⑳凡例
□㉑名利	□㉒留守
□㉓暴露	□㉔暗示
□㉕律儀者	□㉖会得
□㉗不易	□㉘流転

①おんど	②ほっそく（はっそく）
③ふろ	④むすこ
⑤へや	⑥えがお
⑦かっけ	⑧ふぜい
⑨いす	⑩まいご
⑪へいぜい	⑫あさって（みょうごにち）
⑬へた（しもて）	⑭ぶぎょう
⑮むだ	⑯ゆさん
⑰うちわけ	⑱いなずま
⑲もめん	⑳はんれい
㉑みょうり	㉒るす
㉓ばくろ	㉔あんじ
㉕りちぎもの	㉖えとく
㉗ふえき	㉘るてん

㉙ ゆくえ	㉚ はっと
㉛ ふうてい	㉜ ういじん
㉝ かたぎ（きしつ）	㉞ あてな
㉟ わこうど	㊱ かばやき
㊲ あげく	㊳ ふにょい
㊴ いくじ（いきじ）	㊵ ほくろ（くろご）
㊶ めんつ	㊷ みょうが
㊸ うちわ	㊹ かいしょう
㊺ あいにく	㊻ いさりび
㊼ ふとん	㊽ おもわく
㊾ おしょう	㊿ かかし
51 ふいちょう	52 いけがき
53 ほっきにん	54 いろり
55 めいがら	56 あっぱれ

□ ㉙ 行　方	□ ㉚ 法　度
□ ㉛ 風　体	□ ㉜ 初　陣
□ ㉝ 気　質	□ ㉞ 宛　名
□ ㉟ 若　人	□ ㊱ 蒲　焼
□ ㊲ 挙　句	□ ㊳ 不如意
□ ㊴ 意気地	□ ㊵ 黒　子
□ ㊶ 面　子	□ ㊷ 冥　加
□ ㊸ 団　扇	□ ㊹ 甲斐性
□ ㊺ 生　憎	□ ㊻ 漁　火
□ ㊼ 蒲　団	□ ㊽ 思　惑
□ ㊾ 和　尚	□ ㊿ 案山子
□ 51 吹　聴	□ 52 生　垣
□ 53 発起人	□ 54 囲炉裏
□ 55 銘　柄	□ 56 天　晴

3段階チェック	①チャレンジ	②リベンジ	③ラスト
	／56問中	／56問中	／56問中

熟字訓

※熟字訓…熟字単位で訓読みをしたもの。

■次の漢字の読みを書きなさい。

□①為替　□②田舎

□③浮気　□④風邪

□⑤小豆　□⑥河(川)原

□⑦果物　□⑧梅雨

□⑨竹刀　□⑩海女

□⑪芝生　□⑫砂利

□⑬息吹　□⑭時雨

□⑮七夕　□⑯波止場

□⑰太刀　□⑱河岸

□⑲投網　□⑳吹雪

□㉑硫黄　□㉒健気

□㉓八百屋　□㉔仲人

□㉕二十日　□㉖神楽

①かわせ　②いなか

③うわき　④かぜ

⑤あずき　⑥かわら

⑦くだもの　⑧つゆ

⑨しない　⑩あま

⑪しばふ　⑫じゃり

⑬いぶき　⑭しぐれ

⑮たなばた　⑯はとば

⑰たち　⑱かし

⑲とあみ　⑳ふぶき

㉑いおう　㉒けなげ

㉓やおや　㉔なこうど

㉕はつか　㉖かぐら

㉗ ざこ　㉘ のら
㉙ めがね　㉚ くろうと
㉛ ひより　㉜ よせ
㉝ はかせ　㉞ なだれ
㉟ さなえ　㊱ でこぼこ
㊲ のりと　㊳ ゆかた
㊴ しわす　㊵ もみじ
㊶ ぞうり　㊷ たいまつ
㊸ みやげ　㊹ しにせ
㊺ すきや　㊻ だし
㊼ きざ　㊽ さゆ
㊾ さじき　㊿ たそがれ
(51) たび　(52) けが
(53) さおとめ　(54) しゃみせん

□㉗ 雑　魚　□㉘ 野　良
□㉙ 眼　鏡　□㉚ 玄　人
□㉛ 日　和　□㉜ 寄　席
□㉝ 博　士　□㉞ 雪　崩
□㉟ 早　苗　□㊱ 凸　凹
□㊲ 祝　詞　□㊳ 浴　衣
□㊴ 師　走　□㊵ 紅　葉
□㊶ 草　履　□㊷ 松　明
□㊸ 土　産　□㊹ 老　舗
□㊺ 数寄（奇）屋　□㊻ 山　車
□㊼ 気　障　□㊽ 白　湯
□㊾ 桟　敷　□㊿ 黄　昏
□(51) 足　袋　□(52) 怪　我
□(53) 早乙女　□(54) 三味線

3段階チェック	①チャレンジ	②リベンジ	③ラスト
	／54問中	／54問中	／54問中

漢字の常識

でる順

2通りの読み方がある熟語

■太字の漢字の読みを書きなさい。

□①
右足を**骨折**する。
骨折り損のくたびれもうけ。

□②
兄は勉強の**最中**である。
おみやげに**最中**をいただく。

□③
子どもの頃，**面子**で遊ぶ。
面子がつぶれる。

□④
魚**市場**を見学する。
市場調査を行う。

□⑤
大事の前の小事。
それは**大事**だ。

□⑥
書物を大切にする。
書物を続ける。

□⑦
寒気がゆるむ。
寒気がする。

□⑧
今日このごろ。
今日ただ今から。

□⑨
金星は地球型惑星の一つである。
金星をあげる。

①
こっせつ
ほねお

②
さいちゅう
もなか

③
めんこ
めんつ

④
いちば
しじょう

⑤
だいじ
おおごと

⑥
しょもつ
かきもの

⑦
かんき
さむけ

⑧
きょう
こんにち

⑨
きんせい
きんぼし

⑩ こうめい／こうみょう

⑪ しんだい／みのしろ

⑫ ほそめ／さいもく

⑬ しょうわる／せいあく

⑭ にんき／ひとけ

⑮ しんて／あらて

⑯ せすじ／はいきん

⑰ ごしょう／こうせい

⑱ すいせん／みずあら

□ ⑩ **高名**な画家。
それは作者の**高名**だ。

□ ⑪ **身代**を築く。
身代金を要求される。

□ ⑫ **細目**をあけて様子をうかがう。
細目にわたって検討する。

□ ⑬ 根が**性悪**な人。
性悪説を唱える。

□ ⑭ 若者に**人気**がある。
人気のない町。

□ ⑮ **新手**の商売。
新手を繰り出す。

□ ⑯ **背筋**を伸ばす。
背筋を鍛える。

□ ⑰ **後生**だからやめてくれ。
後生おそるべし。

□ ⑱ **水洗**便所。
柔道着を**水洗**いする。

3段階チェック	①チャレンジ	②リベンジ	③ラスト
	／18問中	／18問中	／18問中

でる順

動物名

■次の漢字の読みを書きなさい。

□①亀　□②鯛

□③蜂　□④海老

□⑤鯉　□⑥鶯

□⑦鴨　□⑧蛤

□⑨燕　□⑩秋刀魚

□⑪狸　□⑫鰯

□⑬蛍　□⑭鰹

□⑮河豚　□⑯蜘蛛

□⑰百足　□⑱熊猫

□⑲蝉　□⑳鰐

□㉑海豚　□㉒鮑

□㉓土竜　□㉔海胆

①かめ　②たい

③はち　④えび

⑤こい　⑥うぐいす

⑦かも　⑧はまぐり

⑨つばめ　⑩さんま

⑪たぬき　⑫いわし

⑬ほたる　⑭かつお

⑮ふぐ　⑯くも

⑰むかで　⑱パンダ

⑲せみ　⑳わに

㉑いるか　㉒あわび

㉓もぐら　㉔うに

3段階チェック	①チャレンジ	②リベンジ	③ラスト
	/24問中	/24問中	/24問中

でる順

植　物　名

■次の漢字の読みを書きなさい。

□①海　苔	□②人　参
□③林　檎	□④松　茸
□⑤昆　布	□⑥牡　丹
□⑦樫	□⑧栗
□⑨椎　茸	□⑩団　栗
□⑪銀　杏	□⑫西　瓜
□⑬苺	□⑭蜜　柑
□⑮紫陽花	□⑯南　瓜
□⑰楓	□⑱葡　萄
□⑲蕎　麦	□⑳秋　桜
□㉑山茶花	□㉒檜
□㉓浜木綿	□㉔向日葵

①のり	②にんじん
③りんご	④まつたけ
⑤こんぶ	⑥ぼたん
⑦かし	⑧くり
⑨しいたけ	⑩どんぐり
⑪いちょう	⑫すいか
⑬いちご	⑭みかん
⑮あじさい	⑯カボチャ
⑰かえで	⑱ぶどう
⑲そば	⑳コスモス
㉑さざんか	㉒ひのき
㉓はまゆう	㉔ひまわり

3段階チェック	①チャレンジ	②リベンジ	③ラスト
	／24問中	／24問中	／24問中

漢字の常識

でる順

反対語（対義語）

■次の熟語の反対語(対義語)を書きなさい。

□①具体　□②一般

□③需要　□④否定

□⑤縮小　□⑥極楽

□⑦倹約　□⑧豊富

□⑨理論　□⑩生産

□⑪破壊　□⑫攻撃

□⑬慢性　□⑭実在

□⑮収縮　□⑯繁栄

□⑰原則　□⑱創造

□⑲進展　□⑳軽率

□㉑必然　□㉒能動

□㉓隆起　□㉔安全

□㉕絶対　□㉖時間

□㉗自白　□㉘騰貴

①抽象　②特殊

③供給　④肯定

⑤拡大　⑥地獄

⑦浪費　⑧欠乏

⑨実践　⑩消費

⑪建設　⑫防御

⑬急性　⑭架空

⑮膨張　⑯没落

⑰例外　⑱模倣

⑲停滞　⑳慎重

㉑偶然　㉒受動

㉓陥没　㉔危険

㉕相対　㉖空間

㉗黙秘　㉘下落

㉙ 帰納　㉚ 断念
㉛ 複雑　㉜ 非凡
㉝ 虚偽　㉞ 人工
㉟ 利益　㊱ 平和
㊲ 内容　㊳ 延長
㊴ 応答　㊵ 異常
㊶ 簡素　㊷ 復帰
㊸ 精神　㊹ 与党
㊺ 月食　㊻ 怠惰
㊼ 理性　㊽ 服従
㊾ 依存　㊿ 許可
(51) 追跡　(52) 領海
(53) 並列　(54) 悲嘆
(55) 狭義　(56) 理想
(57) 無効　(58) 被告

□ ㉙ 演　繹　　□ ㉚ 執　着

□ ㉛ 単　純　　□ ㉜ 平　凡

□ ㉝ 真　実　　□ ㉞ 自　然

□ ㉟ 損　失　　□ ㊱ 戦　争

□ ㊲ 形　式　　□ ㊳ 短　縮

□ ㊴ 質　疑　　□ ㊵ 正　常

□ ㊶ 盛　大　　□ ㊷ 離　脱

□ ㊸ 肉　体　　□ ㊹ 野　党

□ ㊺ 日　食　　□ ㊻ 勤　勉

□ ㊼ 感　情　　□ ㊽ 反　抗

□ ㊾ 自　立　　□ ㊿ 禁　止

□ (51) 逃　走　　□ (52) 公　海

□ (53) 直　列　　□ (54) 歓　喜

□ (55) 広　義　　□ (56) 現　実

□ (57) 有　効　　□ (58) 原　告

□ (59) 過 激　□ (60) 権 利

□ (61) 薄 弱　□ (62) 定 住

□ (63) 債 務　□ (64) 妥 協

□ (65) 進 撃　□ (66) 廃 止

□ (67) 濃 厚　□ (68) 容 易

□ (69) 落 第　□ (70) 鎮 静

□ (71) 紛 争　□ (72) 下 降

□ (73) 暗 黒　□ (74) 分 離

□ (75) 受 理　□ (76) 任 命

□ (77) 閉 鎖　□ (78) 承 諾

□ (79) 重 厚　□ (80) 促 進

□ (81) 優 勝　□ (82) 必 修

□ (83) 老 練　□ (84) 都 心

□ (85) 用 心　□ (86) 快 諾

□ (87) 往 路　□ (88) 誕 生

(59) 穏健　(60) 義務

(61) 強固　(62) 流浪

(63) 債権　(64) 対立

(65) 退却　(66) 存続

(67) 淡泊（淡白）　(68) 困難

(69) 及第　(70) 興奮

(71) 和解　(72) 上昇

(73) 光明　(74) 統合

(75) 却下　(76) 罷免

(77) 開放　(78) 辞退

(79) 軽薄　(80) 抑制

(81) 劣敗　(82) 選択

(83) 未熟　(84) 郊外

(85) 油断　(86) 固辞

(87) 帰路（復路）　(88) 死亡

89 寛容　90 謙虚
91 単独　92 異端
93 輸入　94 軟弱
95 釈放　96 敵対
97 淑女　98 根幹
99 黒字　100 凶作
101 静止　102 発散
103 軽微　104 干渉
105 平坦　106 過剰
107 模倣　108 鎮火
109 精巧　110 融解
111 諮問　112 混乱
113 納付　114 分割
115 売却　116 舶来

□ 89 厳　格　□ 90 高　慢
□ 91 共　同　□ 92 正　統
□ 93 輸　出　□ 94 強　硬
□ 95 拘　束　□ 96 友　好
□ 97 紳　士　□ 98 枝　葉
□ 99 赤　字　□ 100 豊　作
□ 101 運　動　□ 102 吸　収
□ 103 甚　大　□ 104 放　任
□ 105 起　伏　□ 106 不　足
□ 107 独　創　□ 108 出　火
□ 109 粗　雑　□ 110 凝　固
□ 111 答　申　□ 112 秩　序
□ 113 徴　収　□ 114 一　括
□ 115 購　入　□ 116 国　産

漢字の常識

3段階チェック	①チャレンジ	②リベンジ	③ラスト
	／116問中	／116問中	／116問中

でる順

同音異義語

■（　　）内にあてはまる漢字を書きなさい。

□① ツイキュウ｛利潤を（　　　）する／余罪を（　　　）する

□② キョウコウ｛（　　　）採決がなされる／金融（　　　）の前兆だ

□③ ミトウ｛前人（　　　）の記録／人跡（　　　）の地

□④ シンニュウ｛盗賊が（　　　）する／泥水が（　　　）する

□⑤ カイホウ｛受験地獄から（　　　）される／病気が（　　　）に向かう

□⑥ カンショウ｛名月を（　　　）する／絵画を（　　　）する

□⑦ イドウ｛両者の（　　　）を調べる／人事（　　　）で福岡に行く

□⑧ セイサン｛借金を（　　　）する／運賃を（　　　）する

□⑨ コ　ジ｛自説を（　　　）する／受賞を（　　　）する

★これも覚えとこう

① 追求／追及

★真理の（追究）

② 強行／恐慌

★（強硬）な主張

③ 未到／未踏

④ 侵入／浸入

★車の（進入）禁止

⑤ 解放／快方

★門戸を（開放）する

⑥ 観賞／鑑賞

★（感傷）にひたる

⑦ 異同／異動

★車で（移動）する

⑧ 清算／精算

★勝利の（成算）がある

⑨ 固持／固辞

★国力を（誇示）する

⑩ 紹介 / 照会

⑪ 普請 / 腐心
★営業（不振）

⑫ 換気 / 喚起
★（勘気）をこうむる

⑬ 沈静 / 鎮静

⑭ 意志 / 意思
★故人の（遺志）を継ぐ

⑮ 感心 / 歓心
★（関心）事

⑯ 保証 / 保障
★損害を（補償）する

⑰ 高尚 / 考証
★（公傷）扱い

⑱ 核心 / 確信
★技術（革新）

□⑩ ショウカイ
- 知人を（　　　）する
- 身元を（　　　）する

□⑪ フシン
- 本堂を（　　　）する
- 会社の再建に（　　　）する

□⑫ カンキ
- 窓を開けて（　　　）する
- 注意を（　　　）する

□⑬ チンセイ
- 物価が（　　　）する
- （　　　）剤を打つ

□⑭ イ　シ
- （　　　）が強い
- 殺人の（　　　）の有無

□⑮ カンシン
- （　　　）な子供だ
- （　　　）を得ようとする

□⑯ ホショウ
- 人物を（　　　）する
- 人権を（　　　）する

□⑰ コウショウ
- （　　　） な趣味
- 時代（　　　）を担当する

□⑱ カクシン
- （　　　）に触れる
- （　　　）を持つ

3段階チェック	①チャレンジ	②リベンジ	③ラスト
	／18問中	／18問中	／18問中

でる順

同訓異字

■（　　）内にあてはまる漢字を書きなさい。

□ ① ハカる
- 時間を（　　）る
- 解決を（　　）る

□ ② コえる
- 山を（　　）える
- 定員を（　　）える

□ ③ アツい
- （　　）いもてなし
- 鉄は（　　）いうちに鍛えよ

□ ④ マじる
- 男の中に女が一人（　　）じる
- 白人の血が（　　）じっている

□ ⑤ オサまる
- 箱に（　　）まる
- 痛みが（　　）まる

□ ⑥ カタい
- 表現が（　　）い
- （　　）い約束

□ ⑦ ツトめる
- 会社に（　　）める
- 司会を（　　）める

□ ⑧ トる
- 血を（　　）る
- 資格を（　　）る

□ ⑨ オカす
- 国境を（　　）す
- 危険を（　　）す

★これも覚えとこう

① 計 / 図

★水深を（測）る

② 越 / 超

★土地が（肥）える

③ 厚 / 熱

★（暑）い部屋

④ 交 / 混

⑤ 納 / 治

★風が（収）まる

⑥ 硬 / 固

★（堅）い商売

⑦ 勤 / 務

★解決に（努）める

⑧ 採 / 取

★写真を（撮）る

⑨ 侵 / 冒

★法律を（犯）す

⑩ 著／表
★頭角を(現)す

⑪ 変／換
★議長を(代)える

⑫ 絞／締
★店を(閉)める

⑬ 静／鎮
★船を(沈)める

⑭ 勧(奨)／薦
★会議を(進)める

⑮ 断／絶
★月日が(経)つ

⑯ 習／倣

⑰ 効／利
★音楽を(聴)く

⑱ 解／説
★絵の具を(溶)く

□ ⑩ **アラワす**
書物を(　　)す
言葉で(　　)す

□ ⑪ **カえる**
場所を(　　)える
お金に(　　)える

□ ⑫ **シめる**
のどを(　　)める
ねじを(　　)める

□ ⑬ **シズめる**
鳴りを(　　)める
反乱を(　　)める

□ ⑭ **ススめる**
入会を(　　)める
良書を(　　)める

□ ⑮ **タつ**
国交を(　　)つ
望みを(　　)つ

□ ⑯ **ナラう**
数学を(　　)う
先例に(　　)う

□ ⑰ **キく**
薬が(　　)く
機転が(　　)く

□ ⑱ **トく**
なぞを(　　)く
人の道を(　　)く

漢字の常識

3段階チェック	①チャレンジ	②リベンジ	③ラスト
	／18問中	／18問中	／18問中

でる順

三字熟語

■□に適切な漢字を書きなさい。

□①衣□住　□②致命□

□③□後策　□④集□成

□⑤貴□属　□⑥□需品

□⑦試□石　□⑧新□軸

□⑨間一□　□⑩□裸裸

□⑪理□尽　□⑫調□料

□⑬□政者　□⑭□読点

□⑮□頂天　□⑯真善□

□⑰因果□　□⑱走馬□

□⑲一□識　□⑳守□奴

□㉑□天楼　□㉒土□場

□㉓鉄面□　□㉔無□蔵

□㉕極□色　□㉖白昼□

①食→
いしょくじゅう

②傷→
ちめいしょう

③善→
ぜんごさく

④大→
しゅうたいせい

⑤金→
ききんぞく

⑥必→
ひつじゅひん

⑦金→
しきんせき

⑧機→
しんきじく

⑨髪→
かんいっぱつ

⑩赤→
せきらら

⑪不→
りふじん

⑫味→
ちょうみりょう

⑬為→
いせいしゃ

⑭句→
くとうてん

⑮有→
うちょうてん

⑯美→
しんぜんび

⑰律→
いんがりつ

⑱燈(灯)→
そうまとう

⑲面→
いちめんしき

⑳銭→
しゅせんど

㉑摩→
まてんろう

㉒壇→
どたんば

㉓皮→
てつめんぴ

㉔尽→
むじんぞう

㉕彩→
ごくさいしき

㉖夢→
はくちゅうむ

3段階チェック	①チャレンジ	②リベンジ	③ラスト
	/26問中	/26問中	/26問中

でる順

数字の入った四字熟語

■□に適切な漢数字を入れなさい。

□①□進□退　□②海□山□

□③□日□秋　□④□石□鳥

□⑤□長□短　□⑥□差□別

□⑦再□再□　□⑧□世□代

□⑨□束□文　□⑩□人□色

□⑪□朝□夕　□⑫□客□来

□⑬□苦□苦　□⑭□転□倒

□⑮□刻□金　□⑯□死□生

□⑰□拝□拝　□⑱□位□体

□⑲□臓□腑　□⑳□変□化

□㉑□騎当□　□㉒□寒□温

□㉓□分□裂　□㉔朝□暮□

□㉕□篇□律　□㉖□発□中

①一・一　②千・千

③一・千　④一・二

⑤一・一　⑥千・万

⑦三・四　⑧一・一

⑨二・三　⑩十・十

⑪一・一　⑫千・万

⑬四・八　⑭七・八

⑮一・千　⑯九・一

⑰三・九　⑱三・一

⑲五・六　⑳千・万

㉑一・千　㉒三・四

㉓四・五　㉔三・四

㉕千・一　㉖百・百

3段階チェック	①チャレンジ	②リベンジ	③ラスト
	／26問中	／26問中	／26問中

四字熟語

■□にあてはまる漢字を書きなさい。

□ ① **栄□盛衰**は世の常

□ ② **悪戦□闘**の毎日

□ ③ **完全無□**の男

□ ④ **青天□日**の身

□ ⑤ **喜□哀楽**の情

□ ⑥ **□外不出**の秘宝

□ ⑦ **□出鬼没**の怪盗

□ ⑧ **枝葉□節**にとらわれる

□ ⑨ **時代□誤**の考え方

□ ⑩ **一触□発**の危険な状態

□ ⑪ **起死□生**のホームラン

□ ⑫ **優□不断**な性格

□ ⑬ **空前絶□**の大惨事

□ ⑭ **奇□天外**なアイデア

① 枯→
（えいこせいすい）

② 苦→
（あくせんくとう）

③ 欠→
（かんぜんむけつ）

④ 白→
（せいてんはくじつ）

⑤ 怒→
（きどあいらく）

⑥ 門→
（もんがいふしゅつ）

⑦ 神→
（しんしゅつきぼつ）

⑧ 末→
（しようまっせつ）

⑨ 錯→
（じだいさくご）

⑩ 即→
（いっしょくそくはつ）

⑪ 回→
（きしかいせい）

⑫ 柔→
（ゆうじゅうふだん）

⑬ 後→
（くうぜんぜつご）

⑭ 想→
（きそうてんがい）

⑮剛→
（しつじつごうけん）

⑯不→
（だいたんふてき）

⑰下→
（きゅうてんちょっか）

⑱耕→
（せいこううどく）

⑲夢→
（むがむちゅう）

⑳揚→
（いきようよう）

㉑麻→
（かいとうらんま）

㉒意→
（とういそくみょう）

㉓鬼→
（ぎしんあんき）

㉔故→
（おんこちしん）

㉕止→
（めいきょうしすい）

㉖患→
（ないゆうがいかん）

㉗抱（捧）→
（ほうふくぜっとう）

㉘縫→
（てんいむほう）

□ ⑮ **質実□健**な校風

□ ⑯ **大胆□敵**な行動

□ ⑰ **急転直□**，解決を見る

□ ⑱ **晴□雨読**の日々を送る

□ ⑲ **無我□中**で走り続ける

□ ⑳ **意気□々**と引き揚げる

□ ㉑ **快刀乱□**を断つ

□ ㉒ **当□即妙**の受け答え

□ ㉓ **疑心暗□**を生ずる

□ ㉔ **温□知新**を信条とする

□ ㉕ **明鏡□水**の境地に達する

□ ㉖ **内憂外□**こもごも至る

□ ㉗ 珍道中の話を聞き**□腹絶倒**する

□ ㉘ **天衣無□**な人柄

3段階チェック	①チャレンジ	②リベンジ	③ラスト
	／28 問中	／28 問中	／28 問中

でる順

まちがえやすい四字熟語

■正しい四字熟語を選びなさい。

□ ① たんとうちょくにゅう
短刀直入 —— 単刀直入

□ ② りんきおうへん
臨機応変 —— 臨気応変

□ ③ ききいっぱつ
危機一発 —— 危機一髪

□ ④ ぼうじゃくぶじん
暴若無尽 —— 傍若無人

□ ⑤ きょうみしんしん
興味津津 —— 興味深深

□ ⑥ いくどうおん
異口同音 —— 異句同音

□ ⑦ こうがんむち
厚顔無知 —— 厚顔無恥

□ ⑧ ぜったいぜつめい
絶対絶命 —— 絶体絶命

□ ⑨ ふわらいどう
付和雷同 —— 不和雷同

① 単刀直入→
直接，ずばりと要点にはいること。

② 臨機応変→
情勢などの変化に応じた適切な手段をとること。

③ 危機一髪→
きわめて危険な状態に追い込まれていること。

④ 傍若無人→
勝手気ままにふるまうこと。

⑤ 興味津津→
次々と興味がわいて尽きないこと。

⑥ 異口同音→
多くの人の考えや意見が一致すること。

⑦ 厚顔無恥→
あつかましくて，恥知らずであること。

⑧ 絶体絶命→
逃れようがない，追いつめられた状態のこと。

⑨ 付和雷同→
他人の意見に無批判に同調すること。

⑩ 言語道断→
とんでもないこと。

⑪ 針小棒大→
物事を大げさに言うこと。

⑫ 独断専行→
自分一人で決めて，勝手に行うこと。

⑬ 前代未聞→
いまだかつて聞いたことがないこと。

⑭ 大言壮語→
できそうもないのに，大きなことを言うこと。

⑮ 天変地異→
自然界に起こる異変のこと。

⑯ 朝令暮改→
法律などがすぐに改められて一定しないこと。

⑰ 虚心坦懐→
すなおな気持ちで物事に対すること。

⑱ 百家争鳴→
学者や専門家が自由に論争すること。

□ ⑩ ごんごどうだん
言語同断 —— 言語道断

□ ⑪ しんしょうぼうだい
針小棒大 —— 針小膨大

□ ⑫ どくだんせんこう
独断専行 —— 独断先行

□ ⑬ ぜんだいみもん
前代未問 —— 前代未聞

□ ⑭ たいげんそうご
大言荘語 —— 大言壮語

□ ⑮ てんぺんちい
天変地異 —— 転変地異

□ ⑯ ちょうれいぼかい
朝礼暮改 —— 朝令暮改

□ ⑰ きょしんたんかい
虚心担懐 —— 虚心坦懐

□ ⑱ ひゃっかそうめい
百花争鳴 —— 百家争鳴

3段階チェック	①チャレンジ	②リベンジ	③ラスト
	／18 問中	／18 問中	／18 問中

でる順

ことわざ

■□に適切な漢字を書きなさい。

□ ① 李下《りか》に□を正さず

□ ② □けは人の為ならず

□ ③ 青は□より出でて□より青し

□ ④ 敗軍の将，□を語らず

□ ⑤ □年河清《かせい》を俟《ま》つ

□ ⑥ 人間万事塞翁《さいおう》が□

□ ⑦ 人間到る処□□あり

□ ⑧ 石に漱《くちすす》ぎ流れに□す

□ ⑨ □に腹はかえられぬ

□ ⑩ 井の中の□大海を知らず

□ ⑪ 一寸の□□軽《かろ》んずべからず

□ ⑫ □□下暗し

① 冠→他人の疑いをうけやすい行為はしないこと

② 情→人に情けをかけておくと，めぐりめぐって自分のためになること。

③ 藍(あい)，藍→弟子が先生よりすぐれていること。

④ 兵→失敗をした者はそのことについて意見を述べる資格がないこと。

⑤ 百→いくら待ち望んでも不可能であること。

⑥ 馬→人生の禍福(かふく)は変転して定まりないこと。

⑦ 青山(せいざん)→人間が活躍する場所はどこにでもあること。「青山」は骨を埋める所の意。

⑧ 枕→負け惜しみの強いこと。

⑨ 背→重大なことのために他を犠牲にすること。

⑩ 蛙(かわず)→考えや見聞が狭いこと。

⑪ 光陰→ほんの少しの時間も無駄にすべきではないこと。

⑫ 灯台→身近にあるものは意外に気づかないこと。

⑬ 悪事→悪いうわさはすぐに知れわたること。

⑭ 団栗(どんぐり)→どれもこれもたいした差がないこと。

⑮ 功名→なにげなくしたことがすばらしい結果になること。

⑯ 坊主(ぼうず)→憎らしいと思うと，その人のすべてが憎らしく思えること。

⑰ 白羽(しらは)→大勢の中から一人だけ選ばれること。

⑱ 母屋(おもや)→恩を仇(あだ)で返されること。

⑲ 袖→どんなささいな出会いも大切にせよということ。

⑳ 小唄→追いつめられた者が強がりを言うこと。

㉑ 背水→必死の覚悟で事に当たること。

㉒ 閑居→小人物がひまであると，ろくなことをしないこと。

㉓ 真綿→遠まわしにじわじわ責めたり苦しめたりすること。

㉔ 鍋→どんな人にもぴったり合う人がいること。

□ ⑬ □□千里を走る

□ ⑭ □□の背《せい》競《くら》べ

□ ⑮ 怪《け》我《が》の□□

□ ⑯ □□憎けりゃ袈《け》裟《さ》まで憎い

□ ⑰ □□の矢が立つ

□ ⑱ 庇《ひさし》を貸して□□を取られる

□ ⑲ □すり合うも他《た》生《しょう》の縁

□ ⑳ 引かれ者の□□

□ ㉑ □□の陣

□ ㉒ 小人□□して不善を為す

□ ㉓ □□で首を絞める

□ ㉔ 破《わ》れ□にとじ蓋《ぶた》

3段階チェック	①チャレンジ	②リベンジ	③ラスト
	／24問中	／24問中	／24問中

でる順

類似・反対の意味のことわざ

■各組の意味が似ているものには○，反対のものには×をつけなさい。

□① 猿も木から落ちる
弘法にも筆の誤り

①○→すぐれた人でも時には失敗することがあるということ。

□② 旅の恥はかきすて
立つ鳥跡を濁さず

②×→後始末はきちんとするべきであること。下段

□③ 君子危うきに近寄らず
虎穴に入らずんば虎子を得ず

③×→危険を冒さなければ成功を収めることはできないこと。下段

□④ 蛙の子は蛙
鳶《とび》が鷹《たか》を生む

④×→子供は親に似るということ。上段

□⑤ お山の大将おれ一人
鳥なき里のこうもり

⑤○→自分が一番偉いと思っていること。

□⑥ 石橋をたたいて渡る
浅い川も深く渡れ

⑥○→用心に用心を重ねて慎重にやること。

□⑦ 朱に交われば赤くなる
水は方円の器に随《したが》う

⑦○→人は環境に左右されるものであること。

□⑧ 船頭多くして船山に上る
三人寄れば文殊の知恵

⑧×→平凡な人でも三人集まると，すぐれた知恵が出ること。下段

□⑨ 急がば回れ
急《せ》いては事を仕損じる

⑨○→急ぐときほどじっくりと落ちついて対処せよということ。

□⑩ 暖簾《のれん》に腕押し ／ 糠《ぬか》に釘《くぎ》

□⑪ 渇《かっ》しても盗泉《とうせん》の水は飲まず ／ 衣食足りて礼節を知る

□⑫ 二兎《にと》を追う者は一兎をも得ず ／ 虻蜂《あぶはち》とらず

□⑬ 果報は寝て待て ／ 待てば海路の日和あり

□⑭ 大器晩成 ／ 栴檀《せんだん》は双葉《ふたば》より芳《かんば》し

□⑮ 医者の不養生 ／ 紺屋《こうや》の白袴《しろばかま》

□⑯ 塵《ちり》も積もれば山となる ／ 雨垂れ石をうがつ

□⑰ 大は小を兼ねる ／ 杓子《しゃくし》は耳かきにならず

□⑱ 能ある鷹は爪《つめ》を隠す ／ 浅瀬に徒波《あだなみ》

⑩ ○→まるで手ごたえもなく，張り合いもないこと。

⑪ ×→どんなに困っても悪いことはしないこと。上段

⑫ ○→欲張りすぎて損をすること。

⑬ ○→辛抱強くあせらずに待てということ。

⑭ ×→大成する人は子供の時からすぐれたところがあること。下段

⑮ ○→自分のことをする暇がないこと。

⑯ ○→わずかなものでもおろそかにしてはならないこと。

⑰ ×→必ずしも大きい物が小さい物の代わりとなるとはいえない。下段

⑱ ×→思慮のない者ほどうるさく騒ぎたてること。下段

3段階チェック	①チャレンジ	②リベンジ	③ラスト
	／18問中	／18問中	／18問中

漢字の常識

でる順

動物名が入ったことわざ

■□に入る動物名を漢字で書きなさい。

□ ① 腐っても□

□ ② □の子一匹いない

□ ③ □に論語

□ ④ 渡る世間に□はない

□ ⑤ □□の川流れ

□ ⑥ 能ある□は爪を隠す

□ ⑦ □に引かれて善光寺参り

□ ⑧ □を逐《お》う者は山を見ず

□ ⑨ □に真珠

□ ⑩ □の道はへび

□ ⑪ □の滝登り

□ ⑫ 木に縁《よ》りて□を求む

□ ⑬ □口となるも牛後となるなかれ

① 鯛→すぐれているものの本質は失われないこと。

② 猫→まったく人の気配がないこと。

③ 犬→なんの役にも立たないこと。

④ 鬼→世の中には情け深い人もいるということ。

⑤ 河童（かっぱ）→名人でも失敗することがあるということ。

⑥ 鷹→すぐれた人はその才能をひけらかさないということ。

⑦ 牛→他のものに誘われてたまたまよいことをすること。

⑧ 鹿→目前の利益を追う者は周囲の情勢が見えないこと。

⑨ 豚→値打ちがわからない人には何の役にも立たないこと。

⑩ 蛇（じゃ）→同類の者のことはすぐにわかること。

⑪ 鯉→めざましく立身出世すること。

⑫ 魚→方法を間違うと，成功する見込みがないこと。

⑬ 鶏→大集団の末端より，小集団の長の方がよいこと。

⑭ 蜂→立て続けに不運に見舞われること。

⑮ 雀(すずめ)→幼いときに身につけた習慣は忘れないこと。

⑯ 獅子(しし)→わが子に苦労させて，その子の能力を試すこと。

⑰ 鳥→助けを求めてくる人を見過ごすことはできないということ。

⑱ 雉(きじ)→無用なことはみだりに口にしないこと。

⑲ 象→凡人は大人物の全体像を理解できないこと。

⑳ 狼(おおかみ)→避けられない災難が次々とふりかかること。

㉑ 牛→わずかな欠点を直し，全体をだめにすること。

㉒ 鹿→地位を得るため，多くの人が争うこと。

㉓ 麒麟(きりん)→すぐれた人も老いると凡人にもかなわないということ。

㉔ 狸(たぬき)→手に入れていないのにあれこれ計画すること。

㉕ 羊→見せかけと実際の中身が違うこと。

㉖ 蟹(かに)→各自，その人なりの考えや行動をすること。

㉗ 鼠(ねずみ)→騒いだわりには結果が小さいこと。

□ ⑭ 泣きっ面に□

□ ⑮ □百まで踊り忘れず

□ ⑯ □□の子落とし

□ ⑰ 窮《きゅう》□懐に入れば猟師も殺さず

□ ⑱ □も鳴かずば撃たれまい

□ ⑲ 群盲□を撫《な》ず

□ ⑳ 前門の虎，後門の□

□ ㉑ 角を矯《た》めて□を殺す

□ ㉒ 中原に□を逐《お》う

□ ㉓ □□も老いれば駑馬《どば》に劣る

□ ㉔ 捕らぬ□の皮算用

□ ㉕ □頭をかけて狗肉《くにく》を売る

□ ㉖ □は甲羅に似せて穴を掘る

□ ㉗ 大山鳴動して□一匹

3段階チェック	①チャレンジ	②リベンジ	③ラスト
	／27 問中	／27 問中	／27 問中

でる順

慣用句

■カタカナを漢字に直しなさい。

□① **ミソ**をつける

□② **シンサン**をなめる

□③ **ウンデイ**の差

□④ **アオナ**に塩

□⑤ **キンセン**に触れる

□⑥ うそも**ホウベン**

□⑦ **ツメ**に火をともす

□⑧ **ハメ**を外す

□⑨ **オウジョウギワ**が悪い

□⑩ **フウゼン**の灯《ともしび》

□⑪ **チョウジリ**を合わせる

□⑫ **インガ**を含める

□⑬ お**ハチ**が回る

① 味噌→しくじって面目を失うこと。

② 辛酸→ひどく苦しい目にあうこと。

③ 雲泥→大きな違いがあること。

④ 青菜→うちひしがれて，うなだれること。

⑤ 琴線→心の奥深くに触れ感動すること。

⑥ 方便→場合によってはうそも手段として必要であるということ。

⑦ 爪→ひどくけちなこと。

⑧ 羽目→調子に乗って度をすごすこと。

⑨ 往生際→あきらめが悪いこと。

⑩ 風前→消えたり，あるいは滅びたりする寸前のこと。

⑪ 帳尻→最終的につじつまが合うようにすること。

⑫ 因果→よくよく言いきかせること。

⑬ 鉢→順番が回ってくること。

3段階チェック	①チャレンジ	②リベンジ	③ラスト
	/13問中	/13問中	/13問中

でる順

身体の一部を使った慣用句

■□に入る身体の一部を書きなさい。

□ ① □に泥を塗る

□ ② □が痛い

□ ③ □を抱える

□ ④ □を丸くする

□ ⑤ □を振るう

□ ⑥ □を洗う

□ ⑦ 後ろに□が回る

□ ⑧ □をくわえる

□ ⑨ □にすえかねる

□ ⑩ □がおどる

□ ⑪ □をひそめる

□ ⑫ □を交える

□ ⑬ □を長くする

① 顔→相手の面目をつぶすこと。

② 耳→自分の弱点を突かれて，聞くのがつらいこと。

③ 頭→非常に困ること。

④ 目→驚いて目を見張ること。

⑤ 腕→能力や技量を十分に発揮すること。

⑥ 足→好ましくない行為をやめること。

⑦ 手→悪事をして捕らえられること。

⑧ 指→手が出せず，むなしくながめていること。

⑨ 腹→がまんができないこと。

⑩ 胸→浮き浮きして落ち着かないこと。

⑪ 眉→心配事などがあって顔をしかめること。

⑫ 膝(ひざ)→同席して親しく話し合うこと。

⑬ 首→望みが早く実現して欲しいと思いつつ待つこと。

3段階チェック	①チャレンジ	②リベンジ	③ラスト
	／13 問中	／13 問中	／13 問中

漢字の常識

でる順

まちがえやすい慣用句

■太字の部分の誤りを訂正しなさい。

□①怒り心頭に**達する**

①発する→むらむらと怒りがわいてくること。

□②**笑顔**がこぼれる

②笑み→にっこりとすること。

□③**気勢**を制する

③機先→先手を打って，自らを有利に導くこと。

□④**口車**を合わせる

④口裏→あらかじめ内容を打ち合わせておくこと。

□⑤**頭**に乗る

⑤図→いい気になってつけあがること。

□⑥出る**首**は打たれる

⑥杭→ずばぬけた才能の持ち主は人にねたまれやすいこと。

□⑦名は**態**を表す

⑦体→名というものは物事の本質を表している場合が多いこと。

□⑧**鼻**にもかけない

⑧歯牙(しが)→まったく問題にしないこと。

□⑨**上**げ足を取る

⑨揚(挙)→相手の言葉じりをとらえて，やり込めたりすること。

□⑩**油**が乗る

⑩脂→調子が出て，活気づくこと。

□⑪**片身**が狭い

⑪肩身→面目が立たず，ひけめを感じること。

□⑫木で**花**をくくる

⑫鼻→ひどく無愛想で，そっけないこと。

□⑬とんぼ**帰り**

⑬返り→目的地に着いて，すぐに帰途につくこと。

⑭ 腸(はらわた)→激しい怒りをこらえることができないこと。

⑮ 痛くもない→やましいところがないのに人に疑われること。

⑯ 内助→妻が家にあって陰ながら夫を助けること。

⑰ 衣→言いたいことをずばりと言うこと。

⑱ 休す→手の打ちようがなく，おしまいということ。

⑲ 異彩→ぬきんでてすぐれていること。

⑳ はねる→支払う代金の一部を自分のものにすること。

㉑ 欠ける→ところどころ抜けているさまのこと。

㉒ 細大→細事も大事もすべて落とさずにということ。

㉓ 斜(しゃ)→改まった態度をすること。

㉔ 勇名→勇者であるという評判がとどろくこと。

㉕ 駆る→勢いに乗じて，別の事までやってしまうこと。

㉖ 遺憾→心残りになることなく。

□ ⑭ **胸**が煮えくり返る

□ ⑮ **痛い**腹を探られる

□ ⑯ **内緒**の功

□ ⑰ 歯に**絹**着せぬ

□ ⑱ 万事**窮す**

□ ⑲ **偉才**を放つ

□ ⑳ 上前《うわまえ》を**かすめる**

□ ㉑ くしの歯が**抜ける**

□ ㉒ **最大**漏らさず

□ ㉓ **斜め**に構える

□ ㉔ **有名**をはせる

□ ㉕ 余勢を**買う**

□ ㉖ **如何**なく

3段階チェック	①チャレンジ	②リベンジ	③ラスト
	／26問中	／26問中	／26問中

むかしの国名と現在の都道府県名

国名	都道府県名	国名	都道府県名	国名	都道府県名	国名	都道府県名
安《あ》芸《き》	広島	加《か》賀《が》	石川	丹《たん》波《ば》	京都	豊《ぶ》前《ぜん》	大分
安《あ》房《わ》	千葉	上総《かずさ》	千葉		兵庫		福岡
阿《あ》波《わ》	徳島	河《かわ》内《ち》	大阪	筑《ちく》後《ご》	福岡	豊《ぶん》後《ご》	大分
淡《あわ》路《じ》	兵庫	紀《き》伊《い》	和歌山	筑《ちく》前《ぜん》	福岡	伯耆《ほうき》	鳥取
伊《い》賀《が》	三重		三重	対馬《つしま》	長崎	三《み》河《かわ》	愛知
壱《い》岐《き》	長崎	上《こう》野《ずけ》	群馬	出《で》羽《わ》	秋田	美《み》濃《の》	岐阜
伊《い》豆《ず》	静岡	相模《さがみ》	神奈川		山形	美《みま》作《さか》	岡山
和泉《いずみ》	大阪	薩《さつ》摩《ま》	鹿児島	遠江《とおとうみ》	静岡	武《む》蔵《さし》	東京
出雲《いずも》	島根	佐《さ》渡《ど》	新潟	土《と》佐《さ》	高知		埼玉
伊《い》勢《せ》	三重	讃《さぬ》岐《き》	香川	長《なが》門《と》	山口		神奈川
因《いな》幡《ば》	鳥取	信《しな》濃《の》	長野	能《の》登《と》	石川	陸《む》奥《つ》	青森
伊《い》予《よ》	愛媛	志《し》摩《ま》	三重	播《はり》磨《ま》	兵庫		福島
石《いわ》見《み》	島根	下《しも》総《うさ》	千葉	肥《ひ》後《ご》	熊本		宮城
越《えち》後《ご》	新潟		茨城	肥《ひ》前《ぜん》	佐賀		岩手
越《えち》前《ぜん》	福井	下《しも》野《つけ》	栃木		長崎		秋田
越《えっ》中《ちゅう》	富山	周《す》防《おう》	山口	備《び》前《ぜん》	岡山	山《やま》城《しろ》	京都
近《おう》江《み》	滋賀	駿《する》河《が》	静岡	飛《ひ》驒《だ》	岐阜	大和《やまと》	奈良
大《おお》隅《すみ》	鹿児島	摂《せっ》津《つ》	兵庫	常陸《ひたち》	茨城	若《わか》狭《さ》	福井
隠《お》岐《き》	島根		大阪	備《びっ》中《ちゅう》	岡山		
尾《お》張《わり》	愛知	但馬《たじま》	兵庫	日《ひゅう》向《が》	宮崎		
甲《か》斐《い》	山梨	丹《たん》後《ご》	京都	備《びん》後《ご》	広島		

Chapter 3

文学・芸術の常識

3

でる順

日本文学

■____線に作家名を書きなさい。

□①『吾輩は猫である』の作者は________

□②『伊豆の踊り子』の作者は________

□③『みだれ髪』の作者は________

□④『一握《いちあく》の砂』の作者は________

□⑤『羅生門《らしょうもん》』の作者は________

□⑥『金色夜叉《こんじきやしゃ》』の作者は________

□⑦『たけくらべ』の作者は________

□⑧『父帰る』の作者は________

□⑨『徒然草《つれづれぐさ》』の作者は________

□⑩『奥の細道』の作者は________

□⑪『源氏物語』の作者は________

□⑫『枕草子』の作者は________

□⑬『五重塔』の作者は________

□⑭『夜明け前』の作者は________

[他] 他の作品も覚えよう

① 夏目漱石《そうせき》→[他]『坊っちゃん』『三四郎』

② 川端康成《かわばたやすなり》→[他]『雪国』

③ 与謝野晶子《よさのあきこ》

④ 石川啄木《たくぼく》→[他]『悲しき玩具』

⑤ 芥川龍之介《あくたがわりゅうのすけ》→[他]『河童』『鼻』『歯車』

⑥ 尾崎紅葉《おざきこうよう》

⑦ 樋口一葉《ひぐちいちよう》→[他]『にごりえ』

⑧ 菊池寛《きくちかん》→『恩讐の彼方に』

⑨ 吉田兼好《けんこう》

⑩ 松尾芭蕉《ばしょう》→[他]『野ざらし紀行』

⑪ 紫式部《むらさきしきぶ》

⑫ 清少納言《せいしょうなごん》

⑬ 幸田露伴《こうだろはん》→[他]『風流仏』

⑭ 島崎藤村《とうそん》

⑮ 井伏鱒二《いぶせますじ》→他『黒い雨』	□ ⑮『山椒魚《さんしょううお》』の作者は＿＿＿＿
⑯ 太宰治《だざいおさむ》→他『人間失格』『晩年』	□ ⑯『斜陽』の作者は＿＿＿＿
⑰ 志賀直哉《しがなおや》→他『和解』『小僧の神様』	□ ⑰『暗夜行路』の作者は＿＿＿＿
⑱ 西行《さいぎょう》	□ ⑱『山家《さんか》集』の作者は＿＿＿＿
⑲ 鴨長明《かものちょうめい》	□ ⑲『方丈記』の作者は＿＿＿＿
⑳ 曲亭馬琴《きょくていばきん》（滝沢馬琴）	□ ⑳『南総里見八犬伝《なんそうさとみはっけんでん》』の作者は＿＿＿＿
㉑ 井原西鶴《さいかく》→他『日本永代蔵』『世間胸算用』	□ ㉑『好色一代男』の作者は＿＿＿＿
㉒ 十返舎一九《じっぺんしゃいっく》	□ ㉒『東海道中膝栗毛』の作者は＿＿＿＿
㉓ 式亭三馬《しきていさんば》→他『浮世床』	□ ㉓『浮世風呂』の作者は＿＿＿＿
㉔ 近松門左衛門《もんざえもん》→他『心中天の網島』	□ ㉔『国性爺合戦《こくせんやかっせん》』の作者は＿＿＿＿
㉕ 森鷗外《おうがい》→他『高瀬舟』	□ ㉕『阿部一族』の作者は＿＿＿＿
㉖ 坪内逍遥《つぼうちしょうよう》→他『当世書生気質《かたぎ》』	□ ㉖『小説神髄《しんずい》』の作者は＿＿＿＿
㉗ 山本有三《ゆうぞう》→他『路傍の石』	□ ㉗『女の一生』の作者は＿＿＿＿
㉘ 永井荷風《かふう》→他『濹《ぼく》東綺譚《とうきたん》』	□ ㉘『あめりか物語』の作者は＿＿＿＿
㉙ 武者小路実篤《むしゃのこうじさねあつ》→他『友情』	□ ㉙『お目出たき人』の作者は＿＿＿＿
㉚ 村上春樹	□ ㉚『ノルウェイの森』の作者は＿＿＿＿

□ ㉛『青春の門』の作者は________

㉛ 五木寛之《ひろゆき》

□ ㉜『飼育』の作者は________

㉜ 大江健三郎→他『同時代ゲーム』

□ ㉝『細雪《ささめゆき》』の作者は________

㉝ 谷崎潤一郎→他『刺青』『春琴抄』

□ ㉞『風立ちぬ』の作者は________

㉞ 堀辰雄

□ ㉟『雨月物語』の作者は________

㉟ 上田秋成《あきなり》

□ ㊱『キッチン』の作者は________

㊱ 吉本ばなな

□ ㊲『注文の多い料理店』の作者は________

㊲ 宮沢賢治

□ ㊳『東海道四谷怪談』の作者は________

㊳ 鶴屋南北《なんぼく》

□ ㊴『恍惚の人』の作者は________

㊴ 有吉佐和子

□ ㊵『裸の王様』の作者は________

㊵ 開高健《たけし》

□ ㊶『仮面の告白』の作者は________

㊶ 三島由紀夫→他『金閣寺』

□ ㊷『風林火山』の作者は________

㊷ 井上靖→他『天平の甍《いらか》』

□ ㊸『砂の女』の作者は________

㊸ 安部公房《こうぼう》

□ ㊹『太陽の季節』の作者は________

㊹ 石原慎太郎《しんたろう》

□ ㊺『宮本武蔵』の作者は________

㊺ 吉川英治《えいじ》→他『鳴門秘帖』『新書太閤記』

㊻ 遠藤周作	□ ㊻『白い人』の作者は＿＿＿＿
㊼ 池井戸潤	□ ㊼『下町ロケット』の作者は＿＿＿＿
㊽ 司馬遼《りょう》太《た》郎《ろう》→他『竜馬がゆく』	□ ㊽『坂の上の雲』の作者は＿＿＿＿
㊾ 北杜《もり》夫《お》→他『どくとるマンボウ航海記』	□ ㊾『楡《にれ》家《け》の人びと』の作者は＿＿＿＿
㊿ 東野圭吾	□ ㊿『容疑者Ｘの献身』の作者は＿＿＿＿
51 松本清張 他『ゼロの焦点』	□ 51『点と線』の作者は＿＿＿＿
52 山崎豊子	□ 52『白い巨塔』の作者は＿＿＿＿
53 安岡章太郎	□ 53『海辺の光景』の作者は＿＿＿＿
54 新田次郎	□ 54『八甲田山死の彷徨《ほうこう》』の作者は＿＿＿＿
55 小松左京	□ 55『日本沈没』の作者は＿＿＿＿
56 宮尾登美子	□ 56『一弦《いちげん》の琴』の作者は＿＿＿＿
57 水上勉	□ 57『飢餓海峡』の作者は＿＿＿＿
58 井上ひさし	□ 58『手《て》鎖《ぐさり》心中』の作者は＿＿＿＿
59 村上龍	□ 59『限りなく透明に近いブルー』の作者は＿＿＿＿

3段階チェック	①チャレンジ	②リベンジ	③ラスト
	／59問中	／59問中	／59問中

文学・芸術の常識

でる順　文学史

■次の問いに答えなさい。

□ ① **二大随筆**といわれるのは『枕草子』（清少納言）と何か。

① 徒然草（吉田兼好）→三大随筆といえば，鴨長明の『方丈記』が加わる。

□ ② 現存する**最古の物語**は何か。

② 竹取物語→かな書きの最初の物語。

□ ③ **平家一門の興亡**を**無常観**を中心に描いた軍記物語は何か。

③ 平家物語→琵琶（びわ）法師による語り物。

□ ④ 現存する**最古の和歌集**は何か。

④ 万葉集→五七調が多く，力強く素朴。

□ ⑤「月日は百代の過客にして，行きかふ年もまた旅人なり」で始まる作品は何か。

⑤ 奥の細道（松尾芭蕉）→俳句と俳文で構成されている。

□ ⑥ 初期のユーモアと社会風刺の作風から，**近代人の悩みを描く**作風へと変化した，近代日本小説家の中で最も偉大といわれる人物はだれか。

⑥ 夏目漱石→大病後の作品は人生観の変化に伴い，一作ごとに新しい面を切り開いていった。

□ ⑦ **浪漫主義の詩人として出発**したが，のちに自然主義の小説を書いたのはだれか。

⑦ 島崎藤村→『若菜集』が浪漫主義のさきがけとなった。

□ ⑧（天皇の命令で作られた）**最初の勅撰和歌集**は何か。

⑧ 古今和歌集→撰者は紀貫之他。歌風は優美・繊細。

□ ⑨ 光源氏を主人公とした一大長編小説は何か。

⑨ 源氏物語（紫式部）→古典文学の最高傑作とされる。

□ ⑩ 陸軍の軍医として活躍しながら，作家としても数多くの名作を残したのはだれか。

⑩ 森鷗外→『舞姫』は二葉亭四迷の『浮雲』とともに，近代文学の出発点とされている。

□ ⑪『羅生門』の後，『**鼻**』が夏目漱石に激賞され，作家として第一歩を踏み出したのはだれか。

⑪ 芥川龍之介→短編小説を数多く書いた。

□ ⑫ **最初のかな日記**は何か。

⑫ 土佐日記→土佐から京までの旅日記。

□ ⑬ 年代順に記された**わが国最初の歴史書**は何か。

⑬ 日本書紀→舎人《とねり》親《しん》王《のう》，太安万侶らが編集した。

□ ⑭ 小説は人情や世態風俗をありのままに描くものであると主張し，シェークスピアの全訳も行ったのはだれか。

⑭ 坪内逍遙→写実主義の基盤をつくった。

□ ⑮「春はあけぼの。やうやう白くなりゆく」で始まる作品は何か。

⑮ 枕草子→宮廷生活における作者の見聞などを描いたもの。

□ ⑯『万葉集』の最高の歌人で，約 450 首の作品を残したのはだれか。

⑯ 柿本《かきのもとの》人《ひと》麻《ま》呂《ろ》→『万葉集』の代表的女流歌人は額田王。

□ ⑰ 当時の女性としてはその激しい情熱と大胆な表現が多くの人々の共鳴を受け，**浪漫主義歌人**として近代短歌史上に大きな業績を残したのはだれか。

⑰ 与謝野晶子→『みだれ髪』は夫となった鉄幹との恋をうたったものである。

3段階チェック	①チャレンジ	②リベンジ	③ラスト
	／17問中	／17問中	／17問中

文学・芸術の常識

でる順

海外文学

■____線に作家名を書きなさい。

□①『戦争と平和』の作者は____________

□②『罪と罰』の作者は____________

□③『風と共に去りぬ』の作者は__________

□④『ハムレット』の作者は____________

□⑤『若きウェルテルの悩み』の作者は

____

□⑥『武器よさらば』の作者は____________

□⑦『女の一生』の作者は____________

□⑧『ユートピア』の作者は____________

□⑨『青い鳥』の作者は____________

□⑩『ドン・キホーテ』の作者は__________

□⑪『ガリヴァー旅行記』の作者は______

□⑫『人間喜劇』の作者は____________

他　他の作品も覚えよう

①トルストイ→他『復活』

②ドストエフスキー→他『白痴』

③ミッチェル

④シェークスピア→他『オセロ』『リア王』

⑤ゲーテ→他『ファウスト』

⑥ヘミングウェイ→他『老人と海』

⑦モーパッサン

⑧トマス・モア

⑨メーテルリンク

⑩セルバンテス

⑪スウィフト

⑫バルザック→他『谷間の百合』

⑬エミリー・ブロンテ

⑭カフカ→他『審判』『城』

⑮イプセン

⑯ディケンズ

⑰チェーホフ→他『三人姉妹』『かもめ』

⑱ツルゲーネフ→他『猟人日記』

⑲スタンダール→他『パルムの僧院』

⑳フローベル

㉑ユーゴー

㉒ゴーリキー

㉓モリエール

㉔ジッド→他『背徳者』

㉕トーマス・マン→他『ヴェニスに死す』

㉖デフォー

□ ⑬『嵐が丘』の作者は＿＿＿＿＿＿

□ ⑭『変身』の作者は＿＿＿＿＿＿

□ ⑮『人形の家』の作者は＿＿＿＿＿＿

□ ⑯『二都物語』の作者は＿＿＿＿＿＿

□ ⑰『桜の園』の作者は＿＿＿＿＿＿

□ ⑱『父と子』の作者は＿＿＿＿＿＿

□ ⑲『赤と黒』の作者は＿＿＿＿＿＿

□ ⑳『ボヴァリー夫人』の作者は＿＿＿＿＿＿

□ ㉑『レ・ミゼラブル』の作者は＿＿＿＿＿＿

□ ㉒『どん底』の作者は＿＿＿＿＿＿

□ ㉓『人間ぎらい』の作者は＿＿＿＿＿＿

□ ㉔『狭き門』の作者は＿＿＿＿＿＿

□ ㉕『魔の山』の作者は＿＿＿＿＿＿

□ ㉖『ロビンソン・クルーソー』の作者は＿＿＿＿＿＿

□ ㉗『トム・ソーヤーの冒険』の作者は＿＿

㉗マーク・トウェイン

□ ㉘『ドクトル・ジバゴ』の作者は＿＿＿

㉘パステルナーク

□ ㉙『ジキル博士とハイド氏』の作者は＿＿

㉙スティーブンソン

□ ㉚『人間の絆』の作者は＿＿＿＿＿＿

㉚モーム→他『月と六ペンス』

□ ㉛『白鯨』の作者は＿＿＿＿＿＿

㉛メルヴィル

□ ㉜『みにくいあひるの子』の作者は＿＿＿

㉜アンデルセン→他『マッチ売りの少女』

□ ㉝『居酒屋』の作者は＿＿＿＿＿＿

㉝ゾラ

□ ㉞『車輪の下』の作者は＿＿＿＿＿＿

㉞ヘルマン・ヘッセ

□ ㉟『サロメ』の作者は＿＿＿＿＿＿

㉟ワイルド

□ ㊱『死せる魂』の作者は＿＿＿＿＿＿

㊱ゴーゴリ→他『狂人日記』『鼻』

□ ㊲『エデンの東』の作者は＿＿＿＿＿＿

㊲スタインベック→他『怒りの葡萄』

□ ㊳『ライ麦畑でつかまえて』の作者は＿＿

㊳サリンジャー

□ ㊴『阿Q正伝』の作者は＿＿＿＿＿＿

㊴魯迅《ろじん》→他『狂人日記』

□ ㊵『西部戦線異状なし』の作者は＿＿＿

㊵レマルク→他『凱旋門』

㊶ サン・テグジュペリ	□ ㊶『星の王子さま』の作者は＿＿＿＿＿
㊷ ヘンリー・ミラー →他『南回帰線』	□ ㊷『北回帰線』の作者は＿＿＿＿＿
㊸ ミルトン	□ ㊸『失楽園』の作者は＿＿＿＿＿
㊹ モンゴメリ	□ ㊹『赤毛のアン』の作者は＿＿＿＿＿
㊺ ガルシア・マルケス →他『コレラの時代の愛』	□ ㊺『百年の孤独』の作者は＿＿＿＿＿
㊻ カポーティ→他『冷血』	□ ㊻『ティファニーで朝食を』の作者は＿＿＿
㊼ ボードレール	□ ㊼『悪の華』の作者は＿＿＿＿＿
㊽ プルースト	□ ㊽『失われた時を求めて』の作者は＿＿
㊾ ジョイス	□ ㊾『ユリシーズ』の作者は＿＿＿＿＿
㊿ サガン	□ ㊿『悲しみよこんにちは』の作者は＿＿
51 T・ウィリアムズ	□ 51『欲望という名の電車』の作者は＿＿
52 サルトル→サルトルは実存主義者として有名である。	□ 52『嘔吐』の作者は＿＿＿＿＿
53 フィッツジェラルド	□ 53『グレートギャツビー』の作者は＿＿

3段階チェック	①チャレンジ	②リベンジ	③ラスト
	／53 問中	／53 問中	／53 問中

美　術

■次の問いに答えなさい。

□ ① **イタリア，ルネサンス期の“万能の天才”**で，特に絵画・建築においてすぐれた作品を残したのはだれか。

① レオナルド=ダ=ヴィンチ→『モナ・リザ』『最後の晩餐』

□ ② ヒトラーによるスペインの小都市ゲルニカの爆撃に憤り，世紀の大作**『ゲルニカ』**を描いたのはだれか。

② ピカソ→ブラックなどとともにキュービズム（立体派）を始めた。『アヴィニヨンの娘たち』

□ ③ 19 世紀の中頃，パリ郊外のバルビゾンの小村で，**『落穂拾い』『種をまく人』『晩鐘』**などの風景画を描いたのはだれか。

③ ミレー→ミレーやコローなどはバルビゾン派と呼ばれる。

□ ④ レオナルド=ダ=ヴィンチと並ぶ**ルネサンスの巨匠**で，彫刻において『ダヴィデ』『ピエタ』などの作品を残したのはだれか。

④ ミケランジェロ→絵画に大壁画『最後の審判』がある。

□ ⑤ 印象派と日本の浮世絵の影響を受け，**強烈な色彩と大胆なタッチ**で風景・静物に独自の境地を開いたオランダの画家はだれか。

⑤ ゴッホ→『ひまわり』『アルルのカフェ』『糸杉』

□ ⑥ 20 世紀においてピカソと並ぶ画家で，マルケ，ルオーなどとともに**フォービズム（野獣派）**の運動を起こしたのはだれか。

⑥ マティス（フランス）→『若い水夫』『生きる歓び』『オダリスク』

□ ⑦ 印象派の中心人物で，**『印象・日の出』**を描いたフランスの画家はだれか。

⑦ モネ→印象派の名は『印象・日の出』に由来する。

□ ⑧ セザンヌ，ゴッホとともに後期印象派の三大巨匠といわれ，『**タヒチの女**』などの名作を残したのはだれか。

⑧ ゴーガン(フランス)→タヒチ島にわたり，島に住む人々を描いた。

□ ⑨ ロマン主義の代表的画家で，『**民衆を率いる自由の女神**』などの作品を残したのはだれか。

⑨ ドラクロワ(フランス)→『キオス島の虐殺』

□ ⑩ 新古典派の代表的画家で，代表作に『グランドオダリスク』『泉』があるのはだれか。

⑩ アングル(フランス)→歴史画や裸体画を描いた。

□ ⑪ 印象派の運動に参加したが，その後印象派から遠ざかり，豊麗な色彩で裸婦・子供・花などを描いたフランスの画家はだれか。

⑪ ルノワール→『ブロンドの浴女』『扇を持つ婦人』

□ ⑫ レオナルド=ダ=ヴィンチ，ミケランジェロとともに**ルネサンス期の三大巨匠**といわれたのはだれか。

⑫ ラファエロ(イタリアの画家・建築家)→サン・ピエトロ寺院の建築主任に任命された。

□ ⑬ 写実主義の代表的画家で，『オルナンの埋葬』『画家のアトリエ』などの作品を残したフランスの画家はだれか。

⑬ クールベ→写実主義とは，現実をありのままに直視する画風のこと。

3段階チェック	①チャレンジ	②リベンジ	③ラスト
	／13問中	／13問中	／13問中

でる順

音　楽

■次の問いに答えなさい。

□ ①『**英雄**』『**運命**』『**田園**』などで知られ，**“世界の楽聖”**といわれているドイツの作曲家はだれか。

□ ②『**フィガロの結婚**』『**トルコ行進曲**』『**魔笛**』など，有名な作品を多数残したオーストリアの作曲家はだれか。

□ ③『**トリスタンとイゾルデ**』など，音楽・演劇・詩の統一的な融合による総合芸術を目指して**“楽劇”**を創始したのはだれか。

□ ④ ピアノと作曲の才能にめぐまれ，**“ピアノの詩人”**と呼ばれたポーランドの作曲家はだれか。

□ ⑤ 代表作に『**白鳥の湖**』『**くるみ割り人形**』があり，国民楽派に対して，ロシアの西欧派を代表する作曲家はだれか。

□ ⑥ 古典音楽の中心人物の一人で，**“交響曲（シンフォニー）の父”**といわれるのはだれか。

□ ⑦ 初期ロマン派を代表する作曲家で，代表作に『**未完成交響曲**』『**野ばら**』『**冬の旅**』などがあるのはだれか。

① ベートーヴェン→古典音楽の完成者であるとともに，ロマン音楽のさきがけとなった。

② モーツァルト→35歳の若さで死去した。

③ ワグナー（ドイツ）→『タンホイザー』『ローエングリン』

④ ショパン→『小犬のワルツ』『雨だれ』

⑤ チャイコフスキー→他に『眠れる森の美女』

⑥ ハイドン（オーストリア）→『天地創造』『四季』『告別』

⑦ シューベルト（オーストリア）

⑧バッハ→『ヨハネ受難曲』『マタイ受難曲』

□⑧ドイツの作曲家で，**“近代音楽の祖”**といわれるのはだれか。

⑨ドヴォルザーク→もの悲しさをおびた美しいメロディが特色。

□⑨チェコ民族音楽の第一人者で，代表作に**『新世界』**があるのはだれか。

⑩ドビュッシー→『牧神の午後への前奏曲』

□⑩マネ，モネなどの印象派画家の影響を受けて，**印象主義音楽**をつくったフランスの作曲家はだれか。

⑪ビバルディ→『四季』

□⑪**後期バロック協奏曲**の形式を確立したイタリアの作曲家はだれか。

⑫メンデルスゾーン→古典的均衡とロマン的色彩の調和した作風で有名。

□⑫17歳のときに**『真夏の夜の夢・序曲』**を作曲した，ドイツの作曲家はだれか。

⑬ウェーバー→『舞踏への招待』

□⑬代表作に**『魔弾の射手』**があり，ドイツの国民的ロマン主義オペラを確立したのはだれか。

⑭ヘンデル→『メサイア（救世主）』『水上の音楽』

□⑭ドイツの作曲家で，のちにイギリスにわたった，**後期バロック音楽の大家**はだれか。

⑮リスト（ハンガリー）→“魔王リスト”と呼ばれた。

□⑮**『ハンガリー狂詩曲』**の作曲で有名であり，ピアノ王としても活躍したのはだれか。

3段階チェック	①チャレンジ	②リベンジ	③ラスト
	／15問中	／15問中	／15問中

世界3大映画祭

べ(ヴェ)ネチア国際映画祭	世界最古の歴史をもつ映画祭で，ベニス国際映画祭などともいわれる。最高賞(作品賞)は「金獅子賞」である。監督賞は「銀獅子賞」といわれる。
カンヌ国際映画祭	フランスのカンヌで開かれる国際映画祭で，国際見本市も併設されている。最高賞(作品賞)は「パルム・ドール」である。また，審査員特別賞は「グランプリ」である。
ベルリン国際映画祭	ドイツのベルリンで開かれる国際映画祭で，東西冷戦のさなかに創設（1951年）されたこともあり，他の国際映画祭と比較して社会派の作品が集まる。最高賞(作品賞)は「金熊賞」である。

アメリカの有名な賞

アカデミー賞	世界で最も有名な賞である。アメリカ映画芸術科学アカデミーの会員投票により，作品賞，監督賞，主演男優賞，主演女優賞など多くの賞が選ばれる。受賞者には賞金はなく，オスカー像が贈られる。 日本人としては，1951年に黒澤明監督の『羅生門』が初めて受賞した。
グラミー賞	アメリカ最大の音楽賞である。この名称は，トロフィが蓄音機（グラモフォン）の形をしていることに由来する。
トニー賞	アメリカの演劇とミュージカルに贈られる賞である。正式には，アントワネット・ペリー賞と呼ばれる。

Chapter 4

数学・理科の常識

4

でる順

基礎問題

■（　　）に適切な数字または記号を入れなさい。

□ ① $5 + 64 \div 8 - 2 \times 3 =$（　　）

① 7 → $5+8-6=7$

□ ② $\left(-\dfrac{3}{4}\right) \times \left(-\dfrac{2}{7}\right) =$（　　）

② $\dfrac{3}{14}$

□ ③ $-6 + (-3) \times \{2 - (-4)\} =$（　　）

③ -24 → $-6+(-3)\times 6 = -6-18$
$= -24$

□ ④ $\left(-\dfrac{15}{7}\right) \div \left(-\dfrac{3}{14}\right) =$（　　）

④ 10 → $\left(-\dfrac{15}{7}\right)\times$
$\left(-\dfrac{14}{3}\right) = 10$

□ ⑤ 75％を小数で表すと，（　　）

⑤ 0.75

□ ⑥ 三角形の内角の和は（　　）直角

⑥ 2 → 2 直角とは，
$2 \times 90° = 180°$

□ ⑦ $3x + 2y = 13$
$y = 2$ のとき，$x =$（　　）

⑦ 3 → $3x + 2 \times 2 =$
13，$3x = 13 - 4$，
$3x = 9$，$x = 3$

□ ⑧ 直径10cmの円の面積は，（　　）π cm^2

⑧ 25 → 半径 r の面積
S は，$S = \pi r^2$
$S = \pi \times 5^2 = 25\pi$

□ ⑨ 3，（　　），12，18，25

⑨ 7 → 12　18　25
6　7

□ ⑩（　　）円は，3500円の 4 割

⑩ 1400 → 3500×0.4
$= 1400$

□ ⑪ 6 m の 9％は（　　）cm

⑪ 54 → 6（m）$\times 0.09$
$= 0.54$（m）

⑫ $\sqrt{2}$

□ ⑫ 直角二等辺三角形の 3 辺の比は，
1：1：（　　）

⑬ 28.8 → 8 × 60 × 60 = 28,800

□ ⑬ 秒速 8 m は，時速（　　）km

⑭ 10：6：9 →
$x:y = 10:6$
$y:z = 6:9$

□ ⑭ $x:y = 5:3$，$y:z = 2:3$ のとき，
$x:y:z =$（　　）

⑮ −47 → 9 ÷ 9 + 6 × (−8) = 1 − 48 = −47

□ ⑮ $(-3)^2 \div 9 + 6 \times (-2^3) =$（　　）

⑯ $-\frac{3}{2}$ → $(-20) \times \frac{5}{4} \times \left(-\frac{3}{10}\right) \times \left(-\frac{1}{5}\right)$
$= -\frac{3}{2}$

□ ⑯ $(-20) \div \frac{4}{5} \times \left(-\frac{3}{10}\right) \div (-5)$
＝（　　）

⑰ 9 → 5 7 4 8 3 9
2 -3 4 -5 6

□ ⑰ 5，7，4，8，3，（　　）

⑱ × → 8×7−9−6×7=5
56−9−42=5

□ ⑱ 8 × 7 − 9 − 6（　　）7 = 5

⑲ $\frac{25}{2}\pi - 25$ → 斜線部の面積を S とすると，
$S = 5^2 - \{(5^2 - \frac{25}{4}\pi) \times 2\}$

□ ⑲ 下図の斜線部の面積は（　　）cm²

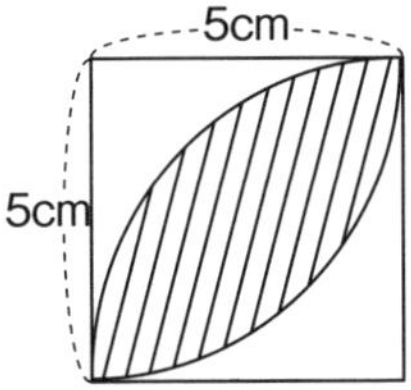

⑳ 125250 → (500+1) × 500 ÷ 2 = 125250

□ ⑳ 1 から500までの整数の和は（　　）

3段階チェック	①チャレンジ	②リベンジ	③ラスト
	／20 問中	／20 問中	／20 問中

やさしい順

式の計算

■次の式を計算しなさい。

□ ① $(2a-3b)-(a-4b)$

□ ② $(a^2-2ab-4b^2)+(3a^2+2ab-5b^2)$

□ ③ $3a\times4b$

□ ④ $x^2\times x^3$

□ ⑤ $y^6\div y^2$

□ ⑥ $(a^2)^3$

□ ⑦ $(-2x^4)^2$

□ ⑧ $3a^2\times5a^3$

□ ⑨ $-6xy\div8xy^2$

□ ⑩ $-5x(4x-3)$

□ ⑪ $2a(5a-3b)+a(b-3a)$

□ ⑫ $\frac{1}{4}a^2\times(-8a)\times\left(-\frac{1}{2}a^3\right)$

① $a+b$ → $2a-3b-a+4b=a+b$

② $4a^2-9b^2$ → $a^2-2ab-4b^2+3a^2+2ab-5b^2=4a^2-9b^2$

③ $12ab$

④ x^5 → $x^{2+3}=x^5$

⑤ y^4 → $y^{6-2}=y^4$

⑥ a^6 → $a^{2\times3}=a^6$

⑦ $4x^8$ → $(-2)^2\times x^{4\times2}=4x^8$

⑧ $15a^5$ → $15a^{2+3}=15a^5$

⑨ $-\frac{3}{4y}$ → $\frac{-6xy}{8xy^2}=-\frac{3}{4y}$

⑩ $-20x^2+15x$ → $-5x\times4x-5x\times(-3)=-20x^2+15x$

⑪ $7a^2-5ab$ → $10a^2-6ab+ab-3a^2=7a^2-5ab$

⑫ a^6 → $\frac{a^2\times(-8a)\times a^3}{4\times(-2)}$

$=a^{2+1+3}=a^6$

■次の式を展開しなさい。

□ ⑬ $(3a-b)^2$

□ ⑭ $(4x+3)(-3x-7)$

□ ⑮ $2x(x+3)-(3x-1)(x-2)$

□ ⑯ $(x+2)^2-(x-1)(x+5)$

□ ⑰ $(2x-5)(x^2-3x+6)$

□ ⑱ $(x^2+x-2)(x^2-3x+4)$

□ ⑲ $(3x+y)^2+(3x+4y)(-3x+4y)$

□ ⑳ $(x-y+3)(x+y-3)$

⑬ $9a^2-6ab+b^2$

⑭ $-12x^2-37x-21$→
$-12x^2-28x-9x-21$
$=-12x^2-37x-21$

⑮ $-x^2+13x-2$→
$2x^2+6x-(3x^2-6x-x+2)$
$=2x^2+6x-3x^2+6x+x-2$
$=-x^2+13x-2$

⑯ 9→
$x^2+4x+4-(x^2+5x-x-5)$
$=x^2+4x+4-x^2-5x+x+5$
$=9$

⑰ $2x^3-11x^2+27x-30$→
$2x^3-6x^2+12x-5x^2+15x-30=2x^3-11x^2+27x-30$

⑱ $x^4-2x^3-x^2+10x-8$→
$x^4-3x^3+4x^2+x^3-3x^2+4x-2x^2+6x-8$
$=x^4-2x^3-x^2+10x-8$

⑲ $6xy+17y^2$→
$9x^2+6xy+y^2+(-9x^2+12xy-12xy+16y^2)$
$=9x^2+6xy+y^2-9x^2+16y^2$
$=6xy+17y^2$

⑳ x^2-y^2+6y-9→
$y-3=A$とおくと，
$(x-A)(x+A)=x^2-A^2$
よって，$x^2-(y-3)^2$
$=x^2-y^2+6y-9$

3段階チェック	①チャレンジ	②リベンジ	③ラスト
	／20問中	／20問中	／20問中

因数分解

■次の式を因数分解しなさい。

□ ① $18a^2b-12ab$

□ ② $4x^2-9y^2$

□ ③ $x^2+8x+15$

□ ④ $x^2-7xy+12y^2$

□ ⑤ $x^2+\frac{2}{3}x+\frac{1}{9}$

□ ⑥ $(x-1)^2-5(x-1)$

□ ⑦ $a(x-1)-(1-x)$

□ ⑧ $ab-a+b-1$

□ ⑨ $(x-5)^2-(x-5)-42$

① $6ab(3a-2)$

② $(2x+3y)(2x-3y)$→
$(2x)^2-(3y)^2=(2x+3y)(2x-3y)$

③ $(x+3)(x+5)$

④ $(x-3y)(x-4y)$

⑤ $\left(x+\frac{1}{3}\right)^2$

⑥ $(x-1)(x-6)$→
$(x-1)\{(x-1)-5\}=(x-1)(x-6)$

⑦ $(x-1)(a+1)$→
$a(x-1)+(x-1)=(x-1)(a+1)$

⑧ $(a+1)(b-1)$→$a(b-1)+(b-1)$
$=(a+1)(b-1)$

⑨ $(x+1)(x-12)$→
$x-5=A$とおくと,
A^2-A-42
$=(A+6)(A-7)$
よって,
$(x-5+6)(x-5-7)$
$=(x+1)(x-12)$

3段階チェック	①チャレンジ	②リベンジ	③ラスト
	/9問中	/9問中	/9問中

やさしい順

平方根の計算

■次の計算をしなさい。

□① $\sqrt{3}\times\sqrt{5}$

□② $\sqrt{12}\times\sqrt{3}$

□③ $2\sqrt{3}\times\sqrt{18}\div\sqrt{6}$

□④ $5\sqrt{12}\times4\sqrt{3}-\sqrt{48}$

□⑤ $\frac{7}{\sqrt{3}}-\frac{4}{\sqrt{3}}$

□⑥ $3\sqrt{18}\div\sqrt{2}+\sqrt{3}\times\sqrt{12}$

□⑦ $(2-\sqrt{2})^2$

□⑧ $(3\sqrt{5}-\sqrt{2})^2$

□⑨ $(\sqrt{7}+1)(\sqrt{7}-1)$

① $\sqrt{15}\rightarrow\sqrt{3\times5}=\sqrt{15}$

② $6\rightarrow\sqrt{12\times3}=\sqrt{36}=\sqrt{6^2}=6$

③ $6\rightarrow2\sqrt{3}\times\sqrt{\frac{18}{6}}=2\sqrt{3}\times\sqrt{3}$

④ $120-4\sqrt{3}\rightarrow5\sqrt{4\times3}\times4\sqrt{3}-\sqrt{16\times3}=10\sqrt{3}\times4\sqrt{3}-4\sqrt{3}$

⑤ $\sqrt{3}\rightarrow\frac{7\times\sqrt{3}}{\sqrt{3}\times\sqrt{3}}-\frac{4\times\sqrt{3}}{\sqrt{3}\times\sqrt{3}}$

$=\frac{7\sqrt{3}-4\sqrt{3}}{3}=\sqrt{3}$

⑥ $15\rightarrow\frac{3\sqrt{18}}{\sqrt{2}}+\sqrt{3\times12}$

$=3\sqrt{9}+\sqrt{36}=3\times3+6=15$

⑦ $6-4\sqrt{2}\rightarrow4-4\sqrt{2}+2$

⑧ $47-6\sqrt{10}\rightarrow(3\sqrt{5})^2-2\times3\sqrt{5}\times\sqrt{2}+(\sqrt{2})^2$

$=45-6\sqrt{10}+2$

⑨ $6\rightarrow(\sqrt{7})^2-1^2=7-1$

数学・理科の常識

3段階チェック	①チャレンジ	②リベンジ	③ラスト
	／9 問中	／9 問中	／9 問中

やさしい 順

方程式

■次の方程式を解きなさい。

□ ① $2x+8=-12$

□ ② $3x-8=-2(x-1)$

□ ③ $x-(5x+7)=3(3-2x)$

□ ④ $\frac{2}{5}x-2=-\frac{1}{3}+\frac{1}{3}x$

□ ⑤ $\frac{2}{3}x-\frac{x-3}{6}=1$

□ ⑥ $\begin{cases} y=x \\ 2x+y=12 \end{cases}$

□ ⑦ $\begin{cases} x=y+3 \\ 2x+y=6 \end{cases}$

□ ⑧ $\begin{cases} 5x+3y=1 \\ 2x-4y=16 \end{cases}$

① $\boldsymbol{x}=-10$→$2x=-12-8$,
$2x=-20$, $x=-10$

② $\boldsymbol{x}=2$→$3x-8=-2x+2$, $3x+2x$
$=2+8$, $5x=10$, $x=2$

③ $\boldsymbol{x}=8$→$x-5x-7=9-6x$,
$2x=16$, $x=8$

④ $\boldsymbol{x}=25$→$6x-30=-5+5x$,
$6x-5x=-5+30$, $x=25$

⑤ $\boldsymbol{x}=1$→$4x-(x-3)=6$
$4x-x+3=6$, $3x=6-3$, $3x=3$

⑥ $(\boldsymbol{x}, \boldsymbol{y})=(4, 4)$→$y=x$より,
$2x+x=12$, $3x=12$, $x=4$
$y=4$

⑦ $(\boldsymbol{x}, \boldsymbol{y})=(3, 0)$ →
$x=y+3$…①　$2x+y=6$…②
①を②に代入すると,
$2(y+3)+y=6$　$y=0$…③
③を①に代入すると, $x=0+3=3$

⑧ $(\boldsymbol{x}, \boldsymbol{y})=(2, -3)$ →
$5x+3y=1$…①　$2x-4y=16$…②
①×2−②×5
$10x+6y=2$ …①'
−) $10x-20y=80$…②'
$26y=-78$　$y=-3$…③
③を①に代入すると,
$5x+3\times(-3)=1$, $x=2$

⑨ $\boldsymbol{x}=\pm\sqrt{3}$→

$3x^2=9,\ x^2=3 \quad x=\pm\sqrt{3}$

⑩ $\boldsymbol{x}=0,\ 1$→

$x(x-1)=0 \quad x=0,\ x=1$

⑪ $\boldsymbol{x}=-3$（重解）→

$(x+3)^2=0 \quad x=-3$

⑫ $\boldsymbol{x}=4,\ -3$→

$(x-4)(x+3)=0$

$x=4,\ x=-3$

⑬ $\boldsymbol{x}=\frac{1}{2},\ -2$→

$(2x-1)(x+2)=0$

$x=\frac{1}{2},\ x=-2$

⑭ $\boldsymbol{x}=-3\pm\sqrt{3}$→

$$=\frac{-6\pm\sqrt{6^2-4\times1\times6}}{2\times1}$$

$$=\frac{-6\pm\sqrt{12}}{2}=\frac{-6\pm2\sqrt{3}}{2}$$

⑮ $\boldsymbol{x}=\frac{-5\pm\sqrt{37}}{6}$→

$$x=\frac{-5\pm\sqrt{5^2-4\times3\times(-1)}}{6}$$

$$=\frac{-5\pm\sqrt{37}}{6}$$

□ ⑨ $3x^2-9=0$

□ ⑩ $x^2-x=0$

□ ⑪ $x^2+6x+9=0$

□ ⑫ $x^2-x-12=0$

□ ⑬ $2x^2+3x-2=0$

□ ⑭ $x^2+6x+6=0$

□ ⑮ $3x^2+5x-1=0$

3段階チェック	①チャレンジ	②リベンジ	③ラスト
	／15 問中	／15 問中	／15 問中

やさしい順

不等式

■次の不等式を解きなさい。

□① $x+3>5$

□② $-5x-7 \leqq 18$

□③ $4x-3<x+9$

□④ $3x+7 \geqq 5x+9$

□⑤ $2(x-3)<-x+6$

□⑥ $-3(x-4)-x<16$

□⑦ $x-8<\frac{1}{2}x$

□⑧ $\frac{3}{4}x-\frac{1}{3}<\frac{3}{2}x-\frac{1}{6}$

□⑨ $x^2+2x \geqq 0$

① $x>2$ →
$x>5-3$, $x>2$

② $x \geqq -5$ → $-5x \leqq 18+7$,
$-5x \leqq 25$, $5x \geqq -25$ $x \geqq -5$

③ $x<4$ → $4x-x<9+3$, $3x<12$,
$x<4$

④ $x \leqq -1$ → $3x-5x \geqq 9-7$,
$-2x \geqq 2$, $x \leqq -1$

⑤ $x<4$ → $2x-6<-x+6$
$2x+x<6+6$, $x<4$

⑥ $x>-1$ → $-3x+12-x<16$
$-3x-x<16-12$
$-4x<4$, $x>-1$

⑦ $x<16$ → $x-\frac{1}{2}x<8$, $\frac{1}{2}x<8$,
$x<16$

⑧ $x>-\frac{2}{9}$ →
$\frac{3}{4}x-\frac{3}{2}x<-\frac{1}{6}+\frac{1}{3}$
$-\frac{3}{4}x<\frac{1}{6}$ $x>-\frac{1}{6}\times\frac{4}{3}$
$x>-\frac{2}{9}$

⑨ $x \geqq 0$, $x \leqq -2$ → $x^2+2x=0$
$x(x+2)=0$ $x \geqq 0$, $x \leqq -2$

3段階チェック	①チャレンジ	②リベンジ	③ラスト
	/9問中	/9問中	/9問中

やさしい順

１次関数

■（　　）に適切な数字を入れなさい。

□ ① $y=3x+2$ の直線の傾きは（　　），切片は（　　）

□ ② $y=2(x-3)$ の直線の傾きは（　　），切片は（　　）

□ ③ 直線の傾きが－４で，切片が８である直線の方程式は，
$y=$（　　）$x+$（　　）

□ ④ 直線の傾きが３で，$x=1$ のとき，$y=10$ である直線の方程式は，
$y=$（　　）$x+$（　　）

□ ⑤ 直線 $y=-4x$ に平行で，点 $(-2, -3)$ を通る直線の方程式は，
$y=$（　　）$x+$（　　）

□ ⑥ ２点 $(2, -1)$，$(-1, 17)$ を通る直線の方程式は，
$y=$（　　）$x+$（　　）

① 3，2→$y=ax+b$ のとき，a は傾き，b は切片を示す。

② 2，－6→
$y=2(x-3)$
$=2x-6$

③ －4，8

④ 3，7→$y=3x+b$ に，$x=1$，$y=10$ を代入すると，$10=3\times1+b$
$b=10-3=7$

⑤ －4，－11→$y=-4x+b$ に，$x=-2$，$y=-3$ を代入すると，
$-3=-4\times(-2)+b$
$b=-11$

⑥ －6，11→$y=ax+b$ に，$x=2$，$y=-1$ を代入すると，$-1=2a+b$ …① 次に，$x=-1$，$y=17$ を代入すると，$17=-a+b$ …② ①と②より，$a=-6$，$b=11$

3段階チェック	①チャレンジ	②リベンジ	③ラスト
	／6 問中	／6 問中	／6 問中

数学・理科の常識

文章問題

■次の問いに答えなさい。

□ ① 縦40cm，横30cmの長方形がある。この長方形の縦と横をそれぞれ同じ長さだけ短くして，その面積をもとの長方形の半分にしたい。何cm短くすればよいか。

① 10cm→$x$cm短くすると，
$(40-x)(30-x)$
$=40\times30\div2$
$x^2-70x+600=0$
$(x-10)(x-60)=0$
$x=10,\ 60$
$0<x<30$より，$x=10$

□ ② 54個のリンゴを何人かの子供に等分する。このとき，１人分のリンゴの個数は，人数より３だけ大きい数になる。子供は何人いるか。

② ６人→子供の人数をx人とすると，$54=x(x+3)$
$x^2+3x-54=0$
$(x-6)(x+9)=0$
$x=6,\ x=-9$
よって，$x=6$

□ ③ A，Bの２人で10日間働くと完成する仕事がある。この仕事をA，B，Cの３人ですると５日間で終わる。AとBの能力が同じであるとすると，Cの能力はAの能力の何倍になるか。

③ ２倍→AとBの１日当たりの仕事の能力をxとすると，Cのそれはkxと表すことができる。題意より，
$2x\times10=(2x+kx)\times5$
よって，$10x=5kx$　$k=2$

□ ④ ６パーセントの食塩水が600ｇある。これに11パーセントの食塩水を加えたところ，10パーセントの食塩水になった。11パーセントの食塩水をいくら加えたことになるか。

④ 2400ｇ→11パーセントの食塩水をxｇ加えたとすると，次式が成立する。
$\frac{6}{100}\times600+\frac{11}{100}\times x$
$=\frac{10}{100}(600+x)$
$3600+11x=6000+10x$
$x=6000-3600=2400$

⑤ x=30→題意より次式が成立する。

$$800\times\left(1+\frac{x}{100}\right)\left(1-\frac{x}{100}\right)$$

$$=800-72$$

これを整理すると，

$x^2=900$　$x=\pm30$

$x>0$より，$x=30$

□ ⑤ 原価800円の品物に x %の利益を見込んで定価をつけたが売れないので，定価の x %引きで売ったところ72円の損になった。x の値を求めよ。

⑥ 64.8(km/h)→電車の長さをl(m)，電車の速度をv(m/s)とすると，

$20v=l+150$ …①

$30v=l+330$ …②

①と②より，$v=18$（m/s）

$v=18\times60\times60=64800$

より，$v=64.8$（km/h）

□ ⑥ 電車が長さ150mの鉄橋を渡り終わるまでに20秒かかり，また同じ速さで長さ330mのトンネルを通過し終わるのに30秒かかった。この電車の速さは時速何kmか。

⑦ 3時間→時間差がつくのは上りと下りの坂である。

$$\left(\frac{10}{2}+\frac{20}{5}\right)-\left(\frac{20}{2}+\frac{10}{5}\right)$$

$$=\frac{-30}{10}=-3$$

□ ⑦ A地点とB地点の間にこう配の等しい10kmの上り坂と，20kmの下り坂がある。この間を，上りは毎時２km，下りは毎時５kmで，その他はある一定の速度で歩く場合，往復の時間差はいくらになるか。

数学・理科の常識

3段階チェック	①チャレンジ	②リベンジ	③ラスト
	／7 問中	／7 問中	／7 問中

■ x を求めなさい。

□ ①

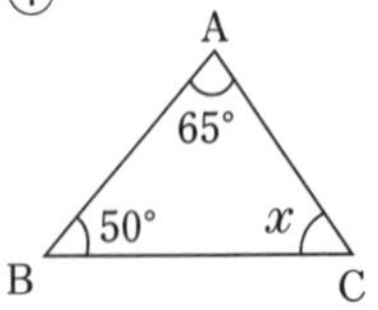

□ ②

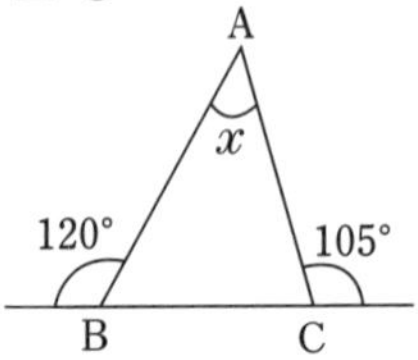

□ ③

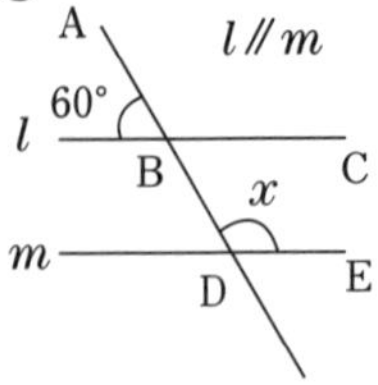

□ ④

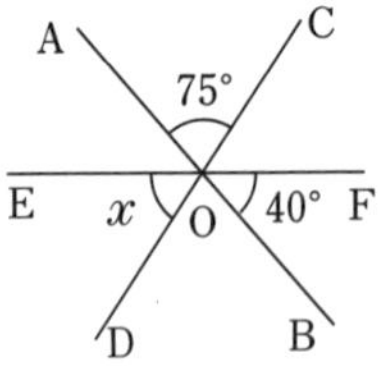

□ ⑤　$l \parallel m$

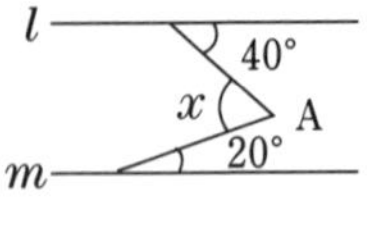

□ ⑥　AD∥BC

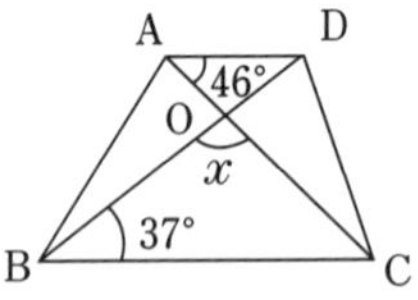

①∠x＝65° →
65°＋50°＋x＝180°

②∠x＝45° →
∠ABC＝180°−120°
＝60°
∠ACB＝180°−105°
＝75°

③∠x＝120° →
∠ABC＝180°−60°
＝120°
∠ABC＝∠BDE
∠x＝120°

④∠x＝65° →
∠COF＝180°−75°
−40°＝65°
∠COF＝∠x
∠x＝65°

⑤∠x＝60° →
∠x＝40°＋20°＝60°

⑥∠x＝97° →
∠OBC＝∠ODA
∠ODA＝37°
∠x＝180°−
∠OAD−∠ODA
＝180°−46°−37°
＝97°

⑦ $x=\frac{9}{4}$ →
AD：DB＝AE：EC

⑧ $x=4.5$ →
AE：DE＝AB：BC

⑨ $\angle x=105°$ →
$\angle x=(360°-150°)\div 2=105°$

⑩ $\angle x=35°$ →
∠ACB＝90°
$\angle x=180°-90°-55°=35°$

⑪ $\angle x=110°$ →
∠ABC＋∠CDA＝180°
$\angle x=110°$

⑫ $\angle x=80°$ →
∠BAT＝180°－(70°＋30°)＝80°
∠BAT＝∠ACB
より，$\angle x=80°$

⑬ $x=9$ →
$CH=14-x$
$AH^2=AB^2-BH^2=AC^2-CH^2$ より，
$15^2-x^2=13^2-(14-x)^2$ これを整理すると，$28x=252$
$x=9$

□ ⑦ BC∥DE

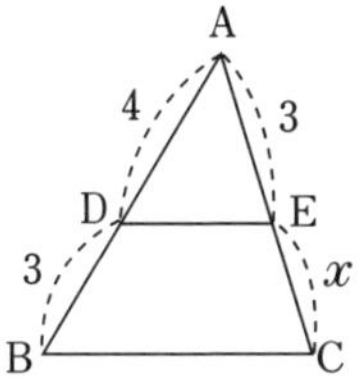

□ ⑧ BC∥DE

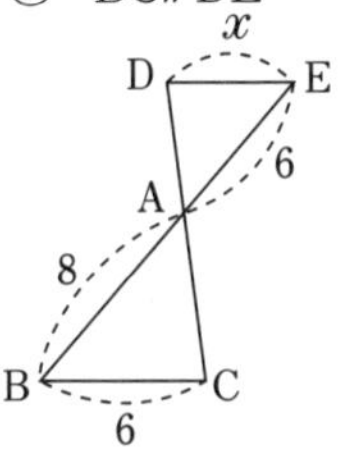

□ ⑨

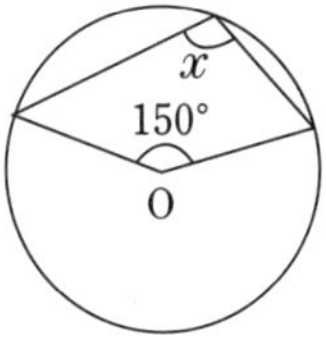

□ ⑩

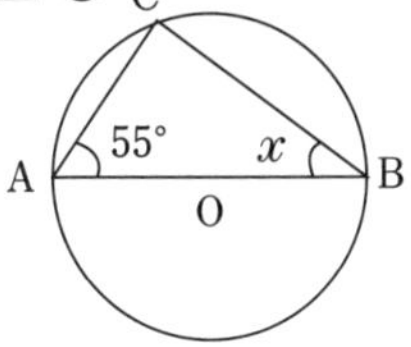

□ ⑪

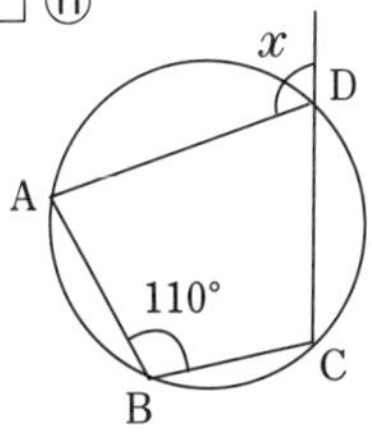

□ ⑫

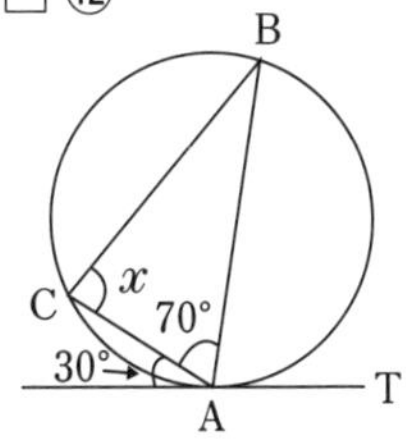

ATは接線

□ ⑬

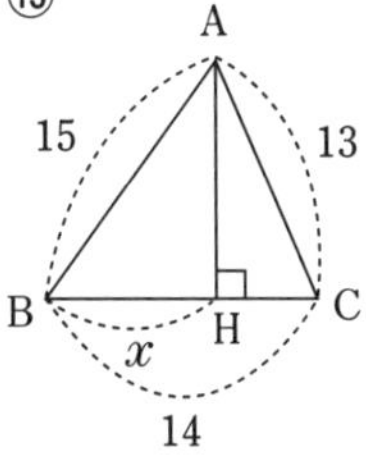

3段階チェック	①チャレンジ	②リベンジ	③ラスト
	／13問中	／13問中	／13問中

数学・理科の常識

やさしい順

確　率

■次の問いに答えなさい。

□ ① 2枚の硬貨を同時に投げたとき，2枚とも裏が出る確率はいくらか。

① $\frac{1}{4}$ → $\frac{1}{2} \times \frac{1}{2} = \frac{1}{4}$

□ ② 2つのサイコロを同時に投げたとき，出る目の数の和が8になる確率はいくらか。

② $\frac{5}{36}$ → 2つのサイコロの目の出方は 36(通り)。
和が8になるのは，
(2, 6)(3, 5)(4, 4)
(5, 3)(6, 2)

□ ③ 白い玉3個と赤い玉2個はいった袋から，同時に2個とり出すとき，2個とも白である確率はいくらか。

③ $\frac{3}{10}$ → 5個あるものの中から，2個とり出すときの場合の数は，
$_5C_2 = \frac{5 \times 4}{2 \times 1} = 10$(通り)
2個とり出したとき，2個とも白であるのは3通り。
よって，$\frac{3}{10}$

□ ④ 白玉2個，赤玉3個，青玉1個はいった袋から，同時に2個とり出すとき，白玉1個，赤玉1個が出る確率はいくらか。

④ $\frac{2}{5}$ → 6個あるものの中から，2個とり出すときの場合の数は，
$_6C_2 = \frac{6 \times 5}{2 \times 1} = 15$(通り)
2個とり出したとき，白玉1個，赤玉1個であるのは
$2 \times 3 = 6$ (通り)
よって，$\frac{6}{15} = \frac{2}{5}$

3段階チェック	①チャレンジ	②リベンジ	③ラスト
	／4問中	／4問中	／4問中

やさしい 順

三　角　比

■（　　）に適切な数字を入れなさい。

□ ① 下図において，$\sin A$＝（　　），
$\cos A$＝（　　），
$\tan A$＝（　　）

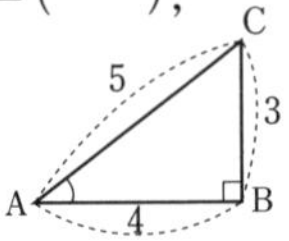

□ ② $\cos 60^\circ + \sin 30^\circ$＝（　　）

□ ③ $\sin 60^\circ \cos 45^\circ$＝（　　）

□ ④ $\sin 30^\circ \tan 60^\circ - \cos 45^\circ \sin 45^\circ$
＝（　　）

□ ⑤ 下図において，ＣＤ＝xとすると，
ＢＣ＝ＣＤ＝x　よって，
$\tan 30^\circ = \dfrac{x}{100+x} = \dfrac{1}{\sqrt{3}}$
x＝（　　）

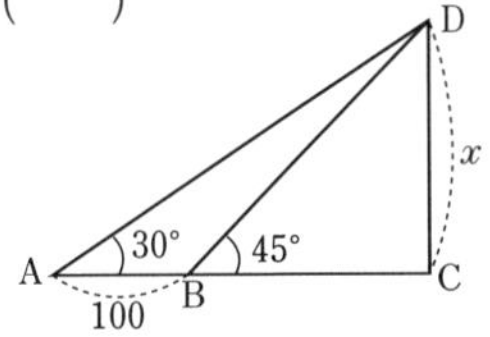

① $\sin A = \dfrac{3}{5}$，$\cos A = \dfrac{4}{5}$，
$\tan A = \dfrac{3}{4}$ → $\sin A = \dfrac{BC}{AC}$
$\cos A = \dfrac{AB}{AC}$，$\tan A = \dfrac{BC}{AB}$

② 1 → $\cos 60^\circ = \dfrac{1}{2}$
$\sin 30^\circ = \dfrac{1}{2}$

③ $\dfrac{\sqrt{6}}{4}$ → $\sin 60^\circ = \dfrac{\sqrt{3}}{2}$
$\cos 45^\circ = \dfrac{1}{\sqrt{2}}$

④ $\dfrac{\sqrt{3}-1}{2}$ → $\tan 60^\circ = \sqrt{3}$
$\sin 30^\circ \tan 60^\circ$
$-\cos 45^\circ \sin 45^\circ$
$= \dfrac{1}{2} \times \sqrt{3} - \dfrac{1}{\sqrt{2}} \times \dfrac{1}{\sqrt{2}}$
$= \dfrac{\sqrt{3}}{2} - \dfrac{1}{2} = \dfrac{\sqrt{3}-1}{2}$

⑤ $50(\sqrt{3}+1)$ →
$\tan 30^\circ = \dfrac{x}{100+x} = \dfrac{1}{\sqrt{3}}$
$\sqrt{3}x = 100 + x$
$(\sqrt{3}-1)x = 100$
$x = \dfrac{100}{\sqrt{3}-1}$
$= \dfrac{100(\sqrt{3}+1)}{(\sqrt{3}-1)(\sqrt{3}+1)}$
$= \dfrac{100(\sqrt{3}+1)}{2}$

3段階チェック	①チャレンジ	②リベンジ	③ラスト
	／5 問中	／5 問中	／5 問中

数学・理科の常識

でる順

物　理

■□□に適切な語句あるいは数字を入れなさい。

□ ① 電流の強さは□□に**比例**し，□□に**反比例**する。

□ ② 音が伝わる速さは一般に，液体中よりも□□中の方が速い。

□ ③ 1gの物質の温度を1K上昇させるのに必要な熱量を，その物質の□□という。

□ ④ 電圧，電流の向きが周期的に変化する電流を□□という。

□ ⑤ **力の三要素**とは，力の大きさ，力の向き，力の□□□をいう。

□ ⑥ 地球がその中心に向かって物体を引く力を，地球の□□という。

□ ⑦ ばねののびは，つるしたおもりの重さに比例する。これを□□□**の法則**という。

□ ⑧ 液体や気体の中で物体の重さを測ると，浮力の分だけ見かけ上軽くなる。これを□□□□□□**の原理**という。

① 電圧，抵抗→
電流＝電圧÷抵抗

② 固体→音が伝わる速さは，
固体＞液体＞気体

③ 比熱→
単位は，J/g・K

④ 交流→電池からの電流のように一方向にしか流れない電流を直流という。

⑤ 作用点→作用点とは，力のはたらく点のこと。

⑥ 重力→物体にはたらく重力の大きさを物体の重さという。

⑦ フック

⑧ アルキメデス→
物体の見かけの重さ＝重力−浮力

⑨ 慣性→等速直線運動とは，速さも向きも変わらない運動のこと。

□ ⑨ 物体に外から力がはたらかなければ，物体はそのままの速さで等速直線運動を続ける。これを□□**の法則**という。

⑩ 等加速度→
加速度
＝速さの増加÷時間

□ ⑩ 加速度が一定の運動を□□□□**運動**という。

⑪ フレミング，左手→親指の指す向きが，電流が流れている導線にはたらく力の向きを示す。

□ ⑪ 電流が流れている導線が磁界から受ける力の向きは，□□□□□**の**□□**の法則**により決まる。

⑫ 電磁誘導→生じる起電力を誘導起電力，流れる電流を誘導電流という。

□ ⑫ 磁石がコイルに近づいたり遠ざかったりするとき，コイルに起電力が生じて電流が流れる現象を□□□□という。

⑬ 位置→位置エネルギーは，物体の質量と基準面からの高さに比例する。

□ ⑬ 高い位置にある物体のもつエネルギーを，**重力の**□□**エネルギー**という。

⑭ 2→運動エネルギーとは，運動する物体のもつエネルギーのこと。

□ ⑭ **運動エネルギー**は，物体の質量に比例し，物体の速さの□乗に比例する。

⑮ 力学→位置エネルギーと運動エネルギーの和が一定であることを力学的エネルギー保存の法則という。

□ ⑮ 物体が位置エネルギーと運動エネルギーを同時にもつとき，両者の和を物体のもつ□□**的エネルギー**という。

⑯ 電力→
電力×時間
＝電力量

□ ⑯ **電圧×電流**を□□という。

3段階チェック	①チャレンジ	②リベンジ	③ラスト
	／16 問中	／16 問中	／16 問中

数学・理科の常識

でる順

化　学

■□□に適切な語句を入れなさい。

□ ① 物質が酸素と結びつく変化を□□という。	① 酸化→酸化物から酸素を取り除く変化を還元という。
□ ② □□は物質を形づくる最小の粒であり，□□は物質としての性質を示す最小の粒である。	② 原子，分子→酸素の分子は酸素原子２個，水の分子は水素原子２個と酸素原子１個からなる。
□ ③ １気圧のもとで，液体が沸騰する温度を□□という。	③ 沸点→沸点は物質の種類により決まっている。
□ ④ 化学変化の前後では，反応に関係した物質の質量の総和は変化しない。これを□□□□**の法則**という。	④ 質量保存→化合物の成分元素の質量比は一定である。これを定比例の法則という。
□ ⑤ 同温・同圧の気体の同体積中に含まれる分子の数は，どの気体も同じ数である。これを□□□□□**の法則**という。	⑤ アボガドロ→したがって，その質量比は分子量比に等しくなる。
□ ⑥ 水の電気分解では，陽極側に□□，陰極側に□□がそれぞれ発生する。	⑥ 酸素，水素→体積比は，水素：酸素＝２：１
□ ⑦ 食塩などの電解質が水に溶けて陽イオンと陰イオンに分かれることを□□という。	⑦ 電離→電解質とは，水に溶かしたとき，電気を通すようになる物質のこと。
□ ⑧ 水に溶けて電離したとき，水素イオンを生じるような水素原子をもつ化合物を□という。	⑧ 酸→水素イオンH^+の数が多いほど酸性が強くなる。

□ ⑨ 酸の性質を失わせる水酸化物イオンを生じる水酸基をもつ化合物を□□という。

⑨ 塩基→水酸化物イオンOH^-の数が多いほどアルカリ性は強くなる。

□ ⑩ 酸が電離したときの陰イオンとアルカリが電離したときの陽イオンとが結びついてできた物質を□という。

⑩ 塩→塩には，水に溶けやすいものと，水に溶けにくいものとがある。

□ ⑪ 原子（原子核）中の陽子の数を□□□□という。

⑪ 原子番号→水素の陽子の数は 1 なので，原子番号は 1 となる。

□ ⑫ 原子番号が同じで，質量数が異なる原子を互いに□□□という。

⑫ 同位体→陽子の数と中性子の数の和を質量数という。

□ ⑬ 一定温度において，一定量の気体の体積は圧力に反比例する。これを□□□**の法則**という。

⑬ ボイル→圧力が一定のとき，一定量の気体の体積は絶対温度に比例する。これをシャルルの法則という。

□ ⑭ 化学反応が起きたとき，熱を発生する反応を□□**反応**，熱を吸収する反応を□□**反応**という。

⑭ 発熱，吸熱→このとき発生または吸収する熱量を反応熱という。

□ ⑮ 化学平衡の状態にある物質に，外部から条件を変えると，その加えた条件変化の影響を打ち消すような方向に平衡が移動し，新しい平衡状態になる。これを□・□□□□□**の法則**という。

⑮ ル，シャトリエ→平衡移動の法則ともいう。この法則は，化学・物理の平衡に広く適用することができる。

3段階チェック	①チャレンジ	②リベンジ	③ラスト
	／15 問中	／15 問中	／15 問中

でる順

生　物

■□□に適切な語句や数字を入れなさい。

□ ① 三大栄養素は，**炭水化物**，**脂質**，□□□□□である。

① タンパク質

□ ② 光合成によってできるものは，□□□□と**酸素**である。

② デンプン→光合成に必要なものは，光，二酸化炭素，水。

□ ③ デンプンは，だ液中の□□□□□により麦芽糖とデキストリンに分解される。

③ アミラーゼ→口の中では，デンプンだけが消化される。

□ ④ 血球のうち，食菌作用があるのは□□□であり，血液を凝固させる物質を含んでいるのは□□□である。

④ 白血球，血小板→赤血球はヘモグロビンを含み，酸素を運搬する。

□ ⑤ 脳のうち，□□は眼球の運動・ひとみの収縮の中枢があり，□□は体の平衡を保つ中枢がある。

⑤ 中脳，小脳→大脳は運動や感覚の中枢，間脳は自律神経系の中枢である。

□ ⑥ 父親がＡＢ型，母親がＡＢ型の場合，子供は□型，□型，ＡＢ型のいずれかが生まれる。

⑥ A（B），B（A）→つまり，O型の子供は生まれない。

□ ⑦ 雑種第１代で，両親の形質のうち，顕性の形質だけが現れることを□□**の法則**という。

⑦ 顕性→形質とは，それぞれの生物の特徴的な形や性質のこと。

□ ⑧ 核分裂では，核の中に□□□が現れ，それが等分して，もとと同じ２つの新しい核をつくる。

⑧ 染色体→細胞分裂は，核分裂と，細胞質分裂からなる。

□ ⑨ 夜盲症は**ビタミン**□の不足が原因である。

⑨ A→脚気はビタミンB_1，壊血病はビタミンC不足。

□ ⑩ 動脈は，右心室から肺へ血液を送る□**動脈**と，左心室から全身へ血液を送る□**動脈**がある。

⑩ 肺，大→動脈は，心臓から送り出される血液の通路である。

□ ⑪ 動脈の末端と静脈の末端をつなぐ細い血管を□□□□という。

⑪ 毛細血管→静脈は，心臓にもどってくる血液の通路である。

□ ⑫ タンパク質は，胃液中の□□□□によりポリペプチドに分解される。

⑫ ペプシン→胃では，タンパク質だけが消化される。

□ ⑬ 柔毛（柔突起）の毛細血管に吸収されたブドウ糖は，門脈を通って肝臓にはいり，□□□□□□□として貯蔵される。

⑬ グリコーゲン→なお，グリコーゲンは必要に応じてブドウ糖となり，血液により全身に運ばれる。

□ ⑭ 交感神経の末端からは□□□□□□□□□が分泌され，副交感神経の末端からは□□□□□□□□が分泌される。

⑭ ノルアドレナリン，アセチルコリン→交感神経と副交感神経は互いにほぼ正反対のはたらきをする。

□ ⑮ 雑種第１代（F_1）どうしをかけ合わせると，雑種第２代（F_2）では顕性の形質と潜性の形質が□：□に分離して現れる。

⑮ 3，1→F_2の遺伝子型は，AA：Aa：aa＝1：2：1　よって，F_2の表現型は3：1となる。

□ ⑯ すい臓のランゲルハンス島から分泌される□□□□□は，ブドウ糖からグリコーゲンへの合成を促進し，血糖量を減少させる。

⑯ インスリン→グルカゴンは，グリコーゲンの分解を促進し，血糖量を増加させる。

3段階チェック	①チャレンジ	②リベンジ	③ラスト
	／16 問中	／16 問中	／16 問中

数学・理科の常識

でる順

地学

■□□に適切な語句を入れなさい。

□ ① 地球をつつむ大気の主成分は，□□と**酸素**である。

① 窒素→窒素と酸素の両者で99%を占める。

□ ② 日本の夏の気圧配置は□**高**□**低型**，冬の気圧配置は□**高**□**低型**となる。

② 南，北，西，東→夏には小笠原気団，冬にはシベリア気団が勢力を強める。

□ ③ 地震の規模の大小は，□□□□□□□で示される。

③ マグニチュード

□ ④ 地下数十 km から約 2900km までの部分を□□□□という。

④ マントル→マグマはマントルの上部で生まれる。

□ ⑤ 月の表面に多数見られる円形のくぼ地を□□□□□という。

⑤クレーター

□ ⑥ □□は月が満月のときに起き，□□は月が新月のときに起こる。

⑥ 月食，日食→日食は月が太陽をかくす現象のこと。

□ ⑦ □波は固体中も液体中も伝わるが，□波は液体中を伝わらない。

⑦ P(縦)，S(横) →Ｐ波の伝わる速さはＳ波のそれの約２倍である。

□ ⑧ 火成岩のうち，マグマが地表へ出て急に冷え固まってできた岩石を□□**岩**，マグマが地下深くで非常に長い期間かかって固まってできた岩石を□□**岩**という。

⑧ 火山，深成→火山岩には流紋岩，安山岩，玄武岩がある。深成岩には花こう岩，閃緑岩，斑れい岩がある。

□ ⑨ 水星，金星，地球，火星は□□**型惑星**，木星，土星，天王星，海王星は□□**型惑星**と呼ばれる。

⑨ 地球，木星→地球型惑星は小型で，密度が大きい。木星型惑星は大型で，密度が小さい。

□ ⑩ 外気圏には二重の強い放射線帯があり，これを□□・□□□**帯**という。

⑩ バン，アレン→大気は温度分布により，対流圏，成層圏，中間圏，熱圏，外気圏に分けられる。

□ ⑪ 暖かい空気が冷たい空気の上へはい上がる所を□□**前線**，冷たい空気が暖かい空気の下にもぐりこむ所を□□**前線**という。

⑪ 温暖，寒冷→停滞前線とは，暖かい空気と冷たい空気が接したまま，ほとんど動かない前線のこと。

□ ⑫ 新月と満月のときは□**潮**となり，上弦と下弦のときは□**潮**となる。

⑫ 大，小→月は太陽の約2倍の力で地球の海水などを引っぱっている。

□ ⑬ 金星は，夜明け前の□の空か，夕方の□の空にしか見えない。

⑬ 東，西→その原因は，金星が地球の内側を公転する内惑星であるから。

□ ⑭ □□**面**とは，地表から深さ数十kmのところにある地震波の速度が急増する不連続面のことである。

⑭ モホ→モホ面はモホロビチッチ不連続面ともいわれる。モホ面の上を地殻，下をマントルという。

□ ⑮ フレアに伴って放射されるX線と紫外線が短波無線の通信に障害を起こすことを□□□□□□□**現象**という。

⑮ デリンジャー→フレアとは，太陽面における一種の爆発現象をいう。

3段階チェック	①チャレンジ	②リベンジ	③ラスト
	／15問中	／15問中	／15問中

数学の重要事項

◆指数法則

$a^m a^n = a^{m+n}$　　$\dfrac{a^m}{a^n} = a^{m-n}$ $\left(\text{または} \dfrac{1}{a^{n-m}}\right)$

$(a^m)^n = a^{mn}$　$(ab)^m = a^m b^m$　$\left(\dfrac{a}{b}\right)^m = \dfrac{a^m}{b^m}$

◆乗法公式

○平方公式　$(a+b)^2 = a^2 + 2ab + b^2$

$(a-b)^2 = a^2 - 2ab + b^2$

○和と差の公式　$(a+b)(a-b) = a^2 - b^2$

○１次式の積　$(x+a)(x+b) = x^2 + (a+b)x + ab$

◆平方根に関する計算

○根号を含む式の計算

乗法　$a>0,\ b>0$ ならば

$\sqrt{a} \times \sqrt{b} = \sqrt{ab}$　　$\sqrt{7} \times \sqrt{5} = \sqrt{7 \times 5} = \sqrt{35}$

除法　$\dfrac{\sqrt{a}}{\sqrt{b}} = \sqrt{\dfrac{a}{b}}$　　$\sqrt{25} \div \sqrt{5} = \sqrt{\dfrac{25}{5}} = \sqrt{5}$

○分母の有理化

$\dfrac{a}{\sqrt{b}} = \dfrac{a \times \sqrt{b}}{\sqrt{b} \times \sqrt{b}} = \dfrac{a\sqrt{b}}{b}$　　$\dfrac{2}{\sqrt{3}} = \dfrac{2 \times \sqrt{3}}{\sqrt{3} \times \sqrt{3}} = \dfrac{2\sqrt{3}}{3}$

◆２次方程式の解法

○因数分解による解法

$ax^2 + bx + c = a(x-\alpha)(x-\beta)$ と因数分解できるとき $(a \neq 0)$,

$ax^2 + bx + c = 0$ の解は，α，β

○解の公式

$ax^2 + bx + c = 0$ $(a \neq 0)$ の解は

$$x = \frac{-b \pm \sqrt{b^2 - 4ac}}{2a}$$

Chapter 5

英語の常識

5

でる順 英単語

■次の英単語の正しい意味を選びなさい。

問題	選択肢	解答
□ ① effect	A 原因 B 結果	① B→「原因」 cause
□ ② abstract	A 抽象的な B 具体的な	② A→「具体的な」 concrete
□ ③ gradually	A 徐々に B 突然	③ A→「突然」 suddenly
□ ④ particular	A 一般の B 特別の	④ B→「一般の」 general
□ ⑤ temporary	A 一時の B 永遠の	⑤ A→「永遠の」 eternal
□ ⑥ rural	A 都会の B 田舎の	⑥ B→「都会の」 urban
□ ⑦ dawn	A 夜明け B 日没	⑦ A→「日没」 sunset
□ ⑧ internal	A 内部の B 外部の	⑧ A→「外部の」 external
□ ⑨ profit	A 損失 B 利益	⑨ B→「損失」 loss

⑩ B→「貸す」
lend

⑪ B→「国内の」
domestic

⑫ B→「固体」
solid

⑬ A→「消極的な」
negative

⑭ A→「悲観主義」
pessimism

⑮ B→「考慮する」
consider

⑯ A→「不毛の」
barren

⑰ A→「名目上の」
nominal

⑱ B→「謙虚さ」
modesty

□ ⑩ borrow
A 貸す
B 借りる

□ ⑪ foreign
A 国内の
B 外国の

□ ⑫ liquid
A 固体
B 液体

□ ⑬ positive
A 積極的な
B 消極的な

□ ⑭ optimism
A 楽観主義
B 悲観主義

□ ⑮ ignore
A 考慮する
B 無視する

□ ⑯ fertile
A 肥えた
B 不毛の

□ ⑰ substantial
A 実質上の
B 名目上の

□ ⑱ vanity
A 謙虚さ
B 虚栄心

3段階チェック	①チャレンジ	②リベンジ	③ラスト
	／18問中	／18問中	／18問中

反対語

■次の単語の反対語を書きなさい。

□ ① prince
□ ② here
□ ③ heavy
□ ④ same
□ ⑤ ask
□ ⑥ first
□ ⑦ give
□ ⑧ absent
□ ⑨ king
□ ⑩ day
□ ⑪ wrong
□ ⑫ gentleman
□ ⑬ many
□ ⑭ sick
□ ⑮ new
□ ⑯ close
□ ⑰ pull
□ ⑱ high
□ ⑲ uncle
□ ⑳ young
□ ㉑ husband
□ ㉒ hot
□ ㉓ north
□ ㉔ east
□ ㉕ strong
□ ㉖ tall
□ ㉗ warm
□ ㉘ finish

① princess（王女）
② there（そこに）
③ light（軽い）
④ different（違った）
⑤ answer（答える）
⑥ last（最後の）
⑦ take（取る）
⑧ present（出席の）
⑨ queen（女王）
⑩ night（夜）
⑪ right（正しい）
⑫ lady（婦人）
⑬ few（少しの）
⑭ well（健康の）
⑮ old（古い）
⑯ open（開く）
⑰ push（押す）
⑱ low（低い）
⑲ aunt（おば）
⑳ old（老いた）
㉑ wife（妻）
㉒ cold（寒い）
㉓ south（南）
㉔ west（西）
㉕ weak（弱い）
㉖ short（背の低い）
㉗ cool（涼しい）
㉘ begin（始める）

㉙ danger（危険）	㉚ slow（遅い）
㉛ daughter（娘）	㉜ buy（買う）
㉝ woman（女）	㉞ near（近い）
㉟ bad（悪い）	㊱ short（短い）
㊲ forget（忘れる）	㊳ sad（悲しい）
㊴ useless（役に立たない）	㊵ poor（貧しい）
㊶ small（小さい）	㊷ late（遅い）
㊸ sister（姉妹）	㊹ mother（母）
㊺ after（～の後に）	㊻ past（過去）
㊼ outdoor（戸外で）	㊽ borrow（借りる）
㊾ difficult（難しい）	㊿ clean（きれいな）
(51) oppose（反対する）	(52) demand（需要）
(53) exit（出口）	(54) junior（年少の）
(55) public（公衆の）	(56) defend（守る）
(57) shallow（浅い）	(58) thick（厚い）

□ ㉙ safety	□ ㉚ fast
□ ㉛ son	□ ㉜ sell
□ ㉝ man	□ ㉞ far
□ ㉟ good	□ ㊱ long
□ ㊲ remember	□ ㊳ glad
□ ㊴ useful	□ ㊵ rich
□ ㊶ large	□ ㊷ early
□ ㊸ brother	□ ㊹ father
□ ㊺ before	□ ㊻ future
□ ㊼ indoor	□ ㊽ lend
□ ㊾ easy	□ ㊿ dirty
□ (51) agree	□ (52) supply
□ (53) entrance	□ (54) senior
□ (55) private	□ (56) attack
□ (57) deep	□ (58) thin

3段階チェック	①チャレンジ	②リベンジ	③ラスト
	／58 問中	／58 問中	／58 問中

英語の常識

■（　　）に適切なものを入れなさい。

□ ① I am（　　）to play tennis next Saturday.
（私は今度の土曜日にテニスをするつもりです）

① going → be going to ～ 〈～をするつもりだ，～しようとしている〉

□ ② I called（　　）Mr.Ikeda.
（私は池田さんをたずねた）

② on → call on 〈人〉 〈～を訪問する〉

□ ③ You had（　　）go now.
（もう行ったほうがいい）

③ better → had better ～ 〈～したほうがいい〉

□ ④ I am interested（　　）music.
（私は音楽に興味があります）

④ in → be interested in ～ 〈～に興味がある〉

□ ⑤ She is（　　）at making cakes.
（彼女はケーキを作るのが得意です）

⑤ good → be good at ～ 〈～が得意である〉

□ ⑥ He solved the problem for（　　）.
（彼は独力でその問題を解いた）

⑥ himself → for oneself 〈独力で〉

□ ⑦（　　）but peace will save mankind.
（ただ平和だけが人類を救うだろう）

⑦ Nothing → nothing but ～ 〈ただ～だけ〉

□ ⑧ I am afraid（　　）making mistakes.
（私は失敗するのを恐れています）

⑧ of → be afraid of ～ 〈～を恐れる〉

⑨ ready →
be ready for ～
〈～の準備ができている〉

□ ⑨ We **are** (　　) **for** cooking.
(私たちは料理の準備ができています)

⑩ cup →
a cup of ～
〈1ぱいの～〉

□ ⑩ I want **a** (　　) **of** coffee.
(私はコーヒーが1ぱい欲しい)

⑪ because →
because of ～
〈～のために〉

□ ⑪ I didn't go out (　　) **of** the rain.
(雨のために私は外出しませんでした)

⑫ instead →
instead of ～
〈～の代わりに〉

□ ⑫ I'll go (　　) **of** you.
(あなたの代わりに私が行きましょう)

⑬ last →
at last
〈ついに〉

□ ⑬ **At** (　　) he got to the top.
(ついに彼は頂上に着いた)

⑭ course →
of course
〈もちろん〉

□ ⑭ **Of** (　　) we were delighted to see him.
(もちろん，私たちは彼に会ってうれしかった)

⑮ for →
look for ～
〈～をさがす〉

□ ⑮ Father is always **looking** (　　) his glasses.
(父はいつも眼鏡をさがしています)

⑯ famous →
be famous for ～
〈～で有名である〉

□ ⑯ Kyoto **is** (　　) **for** its old temples and shrines.
(京都は古い神社仏閣で有名だ)

⑰ sure →
be sure to ～
〈きっと～する〉

□ ⑰ She **is** (　　) **to** succeed in running the whole course through.
(彼女はきっと全行程走破に成功する)

□ ⑱ We see (　　) **of** boats on the lake.
(湖にたくさんのボートが見えます)

□ ⑲ She **was surprised** (　　) the news.
(彼女はその知らせに驚いた)

□ ⑳ He **is** (　　) **of** singing the song.
(彼はその歌を歌うのが好きです)

□ ㉑ My little brother is **looking** (　　) **to** meeting you.
(弟はあなたに会うのを楽しみにしています)

□ ㉒ I saw a car accident **on the** (　　) back from school.
(私は学校から帰る途中で交通事故を見た)

□ ㉓ An invisible change was **taking** (　　) around him.
(目に見えぬ変化が彼のまわりに起こりつつあった)

□ ㉔ Don't (　　) **up**, keep trying.
(あきらめるな，続けてやれ)

□ ㉕ I want you to **carry** (　　) what you once promised.
(一度約束したことは実行してもらいたい)

⑱ lots →
lots of ～
〈たくさんの～〉

⑲ at →
be surprised at ～
〈～に驚く〉

⑳ fond →
be fond of ～
〈～が好きだ〉

㉑ forward →
look forward to ～
〈～を楽しみに待つ〉

㉒ way →
on the way
〈途中で〉

㉓ place →
take place
〈起こる〉

㉔ give →
give up
〈あきらめる，断念する〉

㉕ out
carry out
〈実行する〉

㉖ able →
be able to ～
〈～できる〉＝can

□ ㉖ I will be (　　) to go there next Sunday.
(私は次の日曜日にそこへ行けるでしょう)

㉗ like →
would like to ～
〈～したい〉

□ ㉗ I'd (　　) to ask your name.
(あなたのお名前をお聞きしたいのですが)

㉘ known →
be known to ～
〈～に知られている〉

□ ㉘ Yukichi Fukuzawa is (　　) to everyone in Japan.
(福沢諭吉は，日本ではみんなに知られています)

㉙ all →
after all
〈結局，とうとう〉

□ ㉙ After (　　) she didn't come.
(とうとう彼女は来なかった)

㉚ care →
take care of ～
〈～の世話をする〉

□ ㉚ Yukiko takes good (　　) of the birds.
(ユキコは小鳥の世話をよくする)

㉛ each →
each other
〈互いに（2人の間）〉

□ ㉛ The cat and the dog stared at (　　) other.
(犬と猫が互いににらみ合った)

㉜ another →
one another
〈互いに（3人以上）〉

□ ㉜ They helped one (　　).
(彼らは互いに助け合った)

3段階チェック	①チャレンジ	②リベンジ	③ラスト
	／32 問中	／32 問中	／32 問中

でる順

短文和訳

■太字に注意して，日本文に訳しなさい。

□ ① **May I** watch television now?
〈May I ～ ?〉 →

□ ② You **mustn't** enter my room.
〈must not, mustn't〉 →

□ ③ **Will you** help me ?
〈Will you ～ ?〉 →

□ ④ Mike can run **as fast as** Bob.
〈as ＋原級＋ as ～〉 →

□ ⑤ This box is **smaller than** that one.
〈比較級＋ than ～〉 →

□ ⑥ You are **the youngest of** the three.
〈the ＋最上級＋ of〔in〕～〉 →

□ ⑦ Many books **were written** by her.
〈be 動詞の現在形＋過去分詞〉 →
〈be 動詞の過去形＋過去分詞〉 →

□ ⑧ I want **to read** the book.
〈to ＋動詞の原形〉（名詞的用法）→

① 今テレビを見てもいいですか。
〈～してもいいですか〉

② 私の部屋に入ってはいけません。
〈～してはいけない〉

③ 手伝ってくれませんか。
〈～してくれませんか〉

④ マイクはボブと同じくらい速く走れます。
〈～と同じくらい……〉

⑤ この箱はあの箱より小さい。
〈～よりも……〉

⑥ あなたは３人の中で一番若い。
〈～のうちで最も……〉

⑦ たくさんの本が彼女によって書かれた。
〈～される〉
〈～された〉

⑧ 私はその本を読みたい。
〈～することを〉

⑨私はテニスをしに公園に行った。
〈～するために，～して〉

□ ⑨ I went to the park **to play** tennis.
← 〈to ＋動詞の原形〉（副詞的用法）

⑩私たちには飲む水がなかった。
〈～する，～すべき〉

□ ⑩ We had no water **to drink**.
← 〈to ＋動詞の原形〉（形容詞的用法）

⑪私は３年間（ずっと）東京に住んでいます。
〈（ずっと）～している〉

□ ⑪ I **have lived** in Tokyo for three years.
← 〈継続を表す現在完了〉

⑫私はちょうど昼食を食べたところです。
〈（ちょうど）～したところ，（もう）～してしまった〉

□ ⑫ I **have** just **eaten** lunch.
← 〈完了を表す現在完了〉

⑬一番近くの駅へ行く道を教えていただけませんか。
〈～していただけませんか〉

□ ⑬ **Could you** tell me the way to the nearest station?
← 〈Could you ～ ?〉

⑭私は彼が逃げた理由を知っています。
〈～である理由〉

□ ⑭ I know **the reason why** he ran away.
← 〈the reason why ～〉

⑮彼は来ないかもしれない。
〈～でないかもしれない，～してはいけない〉

□ ⑮ He **may not** come.
← 〈may not ～〉

⑯これは気に入りません。別のを見せてください。
〈別の１つ，もう１つのもの〉

□ ⑯ I don't like this one. Show me **another**.
← 〈another〉

□ ⑰ **Which** is **easier**, this book **or** that book?

〈Which ～＋比較級，A or B ?〉 →

⑰ この本とあの本ではどちらがやさしいですか。

〈A と B ではどちらが…か〉

□ ⑱ I **have been to** the United States before.

〈have been to ～〉 →

⑱ 私は以前にアメリカ合衆国へ行ったことがあります。

〈～へ行ったことがある，～へ行ってきたところだ〉

□ ⑲ She **has been in** Osaka before.

〈have been in ～〉 →

⑲ 彼女は以前，大阪にいたことがあります。

〈～にいたことがある，～にずっといる〉

□ ⑳ Look at that **running** dog.

〈現在分詞（形容詞的用法）〉 →

⑳ あの走っている犬を見てごらん。

〈～している〉

□ ㉑ The **broken** vase was under the table.

〈過去分詞（形容詞的用法）〉 →

㉑ こわれた花びんはテーブルの下にあった。

〈～された〉

□ ㉒ He went out without **saying** a word.

〈動名詞〉 →

㉒ 彼は一言も言わずに出ていった。

〈～すること〉

□ ㉓ **If** we don't do anything now, the desert will spread out.

〈if（条件を表す接続詞）〉 →

㉓ もし今何もしなければ，砂漠が広がってしまうでしょう。

〈もし～ならば〉

□ ㉔ This house is **my own**.

〈one's own〉 →

㉔ この家は，私自身の持ち家です。

〈～自身のもの〉

㉕いつから暖かいのですか。
〈どのくらい長く〜しているか〉

□ ㉕ How long has it been warm?
← 〈How long ＋ have(has) ＋主語＋過去分詞……？〉

㉖彼女はもうドレスを作ってしまいました。
〈すでに〜してしまった〉

□ ㉖ She has already made a dress.
← 〈have (has) ＋ already ＋過去分詞〉

㉗彼らはどこに滞在したらよいかわかりません。
〈どこに〜したらよいか〉

□ ㉗ They don't know where to stay.
← 〈where to 〜〉

㉘私たちは，あなたに携帯電話を使わないようにお願いしたいのですが。
〈〜に…するように頼む〉

□ ㉘ We would like to ask you not to use mobile phone.
← 〈ask 〜 to …〉

㉙私は明日晴れればいいと思います。
〈〜を望む〉

□ ㉙ I hope that it'll be fine tomorrow.
← 〈I hope that 〜〉

㉚私はそのことについて何も知りません。
〈何も〜ない〉

□ ㉚ I don't know anything about it.
← 〈not 〜 anything〉
not 〜 anything ＝ nothing

㉛たとえ彼がそう言ったとしても，彼を信じる必要はありません。
〈たとえ〜しても〉

□ ㉛ Even if he said to so, you need not believe him.
← 〈even if (though)〉

3段階チェック	①チャレンジ	②リベンジ	③ラスト
	／31 問中	／31 問中	／31 問中

でる順 書きかえ

■上段と下段が同じ意味になるように，(　　) に適切な単語を入れなさい。

□ ① He gave me a book.

↓

He gave a book (　　) me.

① to →（彼は私に１冊の本をくれた）

□ ② She is not as tall as he.

↓

He is taller (　　) she.

② than → 上段（彼女は彼ほど背が高くない）

□ ③ I was too excited to sleep.

↓

I was (　　) excited (　　) I (　　) sleep.

③ so, that, couldn't →（私はあまりに興奮しすぎて眠れなかった）

□ ④ He runs very fast.

↓

(　　) (　　) he runs!

④ How, fast → 下段（彼はなんて速く走るんでしょう）

□ ⑤ My father has a very good camera.

↓

(　　) a good camera my father has!

⑤ What → 下段（私の父はなんとよいカメラを持っているのでしょう）

□ ⑥ Mike is the tallest boy in his class.

↓

Mike is taller (　　) (　　) (　　) boy in his class.

⑥ than, any, other → 下段（マイクはクラスの他のどの少年よりも背が高い）

□ ⑦ If you turn to the left, you'll find the station.

↓

(　　) to the left, (　　) you'll find the station.

⑦ Turn, and → 下段 (左にまがりなさい，そうすれば駅が見つかります)

□ ⑧ If you don't start at once, you'll miss the train.

↓

(　　) at once, (　　) you'll miss the train.

⑧ Start, or → 下段 (すぐに出発しなさい，そうでないと列車に乗り遅れる)

□ ⑨ It is not necessary for you to do it now.

↓

You (　　) (　　) do it now.

⑨ need not → (あなたは今それをする必要はない)

□ ⑩ You mustn't swim in the pond.

↓

(　　) swim in the pond.

⑩ Don't → 下段 (池で泳ぐな)

□ ⑪ He was so rich that he bought the horse.

↓

He was rich (　　) to buy the horse.

⑪ enough → (彼はとても金持ちなので，馬を買った)

□ ⑫ People don't speak English in that country.

↓

English (　　) (　　) (　　) in that country.

⑫ is not spoken → 下段 (あの国では，英語は使われていない)

□ ⑬ He has a car. It is better than mine.

↓

He has a car (　　) is better than mine.

□ ⑭ Sendai is the city. I live there.

↓

Sendai is the city (　　) I live.

□ ⑮ The boys who are swimming in the pool are my friends.

↓

The boys (　　) in the pool are my friends.

□ ⑯ This is the book which was written by Soseki Natsume.

↓

This is the book (　　) by Soseki Natsume.

□ ⑰ I can't drive a car

↓

I don't know (　　)(　　) drive a car.

□ ⑱ She shouted for help as loudly as possible.

↓

She shouted for help as loudly as (　　) (　　).

⑬ which →
下段（彼は私のものよりもよい車を持っている）

⑭ where →
（仙台は私の住んでいる市です）

⑮ swimming →
（プールで泳いでいる少年たちは私の友だちです）

⑯ written →
（これは夏目漱石によって書かれた本です）

⑰ how to →
下段（私は車の運転の仕方を知らない）

⑱ she could →
（彼女はできるだけ大声で助けを呼んだ）
as … as possible
〈できるだけ…〉

□ ⑲ It rains much in June.

↓

(　　) (　　) much rain in June.

⑲ We have →
（6月は雨が多い）

□ ⑳ He saw me and at once he ran away.

↓

(　　) (　　) (　　) he saw me, he ran away.

⑳ As soon as →
下段（彼は私をみるとすぐに逃げた）
as soon as ～〈～するとすぐ，～するやいなや〉

□ ㉑ I know a girl. Her father works at this factory.

↓

I know a girl (　　) father works at this factory.

㉑ whose →
下段（私は父親がこの工場で働いている少女を知っています）

□ ㉒ I told him to study hard.

↓

I (　　) (　　) him, "(　　) hard".

㉒ said, to, Study →
下段（私は彼に「一生懸命勉強しなさい」と言った）

□ ㉓ She asked me to stop the car.

↓

She (　　) (　　) me, "(　　) (　　) the car".

㉓ said, to, Please, stop →
下段（彼女は私に「車を止めてください」と言った）

3段階チェック	①チャレンジ	②リベンジ	③ラスト
	／23問中	／23問中	／23問中

でる順 英語構文

■（　　）に適切な単語を入れなさい。

□ ① I am (　　) tired to walk.
(私はとても疲れているので歩けない)

① too →
too ～ to… 〈あまり～なので…できない〉

□ ② It is interesting (　　) us (　　) collect old coins.
(私たちにとって古いコインを集めるのはおもしろい)

② for, to →
It is ～ for － to… 〈－にとって…するのは～だ〉

□ ③ (　　) you and I are correct.
(あなたも私も両方とも正しい)

③ Both →
both ～ and … 〈～も…も (両方とも)〉

□ ④ Takeo is (　　) in Paris or in Tokyo.
(タケオはパリか東京のどちらかにいます)

④ either →
either ～ or… 〈～か…のどちらか〉

□ ⑤ That man is (　　) my father (　　) my uncle.
(あの男性は私の父ではなく，おじです)

⑤ not, but →
not ～ but …
〈～ではなく…〉

□ ⑥ (　　) (　　) he but (also) you are responsible for this.
(彼だけでなく，あなたもこのことには責任があります)

⑥ Not only →
not only ～ but (also) … 〈～だけでなく…も〉

□ ⑦ I've been (　　) to London (　　) to New York.

⑦ neither, nor →
neither ～ nor …
〈～も…もどちらもない〉

(私はロンドンにもニューヨークにも行ったことがありません)

⑧ One, other →
one ～ the other …
〈1つは～1つは…〉

□ ⑧ I had two dogs. (　　) was white and **the** (　　) was black.
(私は犬を2匹かっていた。1匹は白く，一匹は黒かった)

⑨ one, another →
～ one thing … another〈～と…とは別のもの〉

□ ⑨ It is (　　) **thing** to have books, and (　　) to read them.
(本を持つことと，本を読むこととは別のことだ)

⑩ The, the →
the ＋比較級～,
the ＋比較級〈～すればするほど…〉

□ ⑩ (　　) **higher** you go up, (　　) **colder** it becomes.
(高く登れば登るほど，だんだん寒くなる)

⑪ such, as →
such ～ as…
〈…のような～〉

□ ⑪ I have never before read (　　) an interesting story (　　) this.
(私はいままでに，こんなおもしろい物語を読んだことがない)

⑫ It, that →
It is ～ that…〈…することは～だ〉

□ ⑫ (　　) **is** obvious (　　) you are mistaken.
(あなたが間違っているのは明らかです)

⑬ order, to →
in order to ～
〈～するために〉

□ ⑬ She got up early **in** (　　) not (　　) be late for school.
(彼女は学校に遅れないように早く起きた)

□ ⑭ I want **the** (　　) watch (　　) you have.
(私はあなたが持っているのと同じような時計が欲しい)

⑭ same, as →
the same ～ as…
〈…と同じような～〉

□ ⑮ I (　　) **to** see her at five.
(私は5時に彼女に会うことになっています)

⑮ am →
be to ～〈～する予定だ，～すべきだ〉

□ ⑯ (　　) a bad cold, I can't go to school today.
(ひどいかぜをひいているので，私は今日学校に行けない)

⑯ Having →
Having（分詞構文）
→ As I have

□ ⑰ (　　) (　　) **no saying** what may happen next.
(この次に何が起こるか，わからない)

⑰ There, is →
There is no － ing
〈～できない〉

□ ⑱ I **could not** (　　) **laughing** at the strange sight.
(その奇妙な光景を見て，私は笑わざるを得なかった)

⑱ help →
can not help － ing
〈～せざるを得ない〉

□ ⑲ (　　) **hearing** the news, he turned as pale as death.
(その知らせを聞くと，彼は死んだように真っ青になった)

⑲ On →
on － ing
〈～すると，～するとすぐに〉

□ ⑳ The average statue of the Americans is taller than (　　) **of** the Japanese.

⑳ that →
that of ～
〈～のそれ〉

（アメリカ人の平均身長は日本人の平均身長よりも高い）

㉑ All →
all that ～〈～するものはすべて〉

□ ㉑（　　）**that** he said is true.
（彼の言ったことはすべて本当だ）

㉒ but →
no ～ but …〈…しない～はない〉

□ ㉒ There is **no** rule（　　）has exceptions.（例外のない規則はない）

㉓ why →
That (This) is why ～〈そういうわけで～〉

□ ㉓ **That is**（　　）I can't agree with you.
（そういうわけで私はあなたに同意できない）

㉔ well →
～ as well as…〈…だけでなく～も〉

□ ㉔ He **as**（　　）**as** I is to go.
（私だけでなく，彼も行くことになっています）

㉕ whether, or →
whether ～ or not〈～かどうか〉

□ ㉕ I don't know（　　）he is honest（　　）**not.**
（私には，彼が正直なのか不正直なのか，わからない）

㉖ sooner, than →
no sooner ～ than…〈～するとすぐに…〉

□ ㉖ **No**（　　）had I gone out（　　）it began to snow.
（私が家を出たとたんに雪が降りだした）

㉗ lest, should →
lest ～ should…〈…しないように〉

□ ㉗ Make haste（　　）you（　　）be late.（遅れないように急ぎなさい）

3段階チェック	①チャレンジ	②リベンジ	③ラスト
	／27問中	／27問中	／27問中

でる順 英作文

■次の単語を使って，下記の日本文を英文に訳しなさい。

□ ① he, what, is, boy, tall, a, !
(彼はなんて背の高い少年でしょう)

□ ② want, something, eat, I, to
(私は何か食べるものが欲しい)

□ ③ room, is, in, a, desk, there, the
(部屋の中に机があります)

□ ④ I, glad, meet, you, to am
(私はあなたに会えてうれしい)

□ ⑤ this, ever, you, have, read, book, ?
(あなたはこの本を読んだことがありますか)

□ ⑥ I, the, computer, use, know, to, how
(私はそのコンピューターの使い方を知っています)

□ ⑦ me, news, happy, the, made
(その知らせは，私を幸せにしました)

□ ⑧ come, will, he, an, in, hour, back
(彼は1時間すれば帰ってくるでしょう)

① What a tall boy he is !

② I want something to eat.

③ There is a desk in the room.

④ I am glad to meet you.

⑤ Have you ever read this book?

⑥ I know how to use the computer.

⑦ The news made me happy.

⑧ He will come back in an hour.

⑨ She went swimming on Thursday afternoon.

□ ⑨ swimming, went, afternoon, on, she, Thursday
(彼女は木曜日の午後に泳ぎに行った)

⑩ Is Nancy from America or from Australia ?

□ ⑩ America, Australia, from, from, Nancy, or, is, ?
(ナンシーはアメリカ出身ですか，それともオーストラリア出身ですか)

⑪ She made sandwiches while I was out.

□ ⑪ was, sandwiches, while, made, I, she, out
(私が外出している間に，彼女はサンドイッチを作った)

⑫ I think that the book is interesting.

□ ⑫ is, the, think, interesting, I, that, book
(私はその本はおもしろいと思う)

⑬ It is very important for you to learn English.

□ ⑬ very, learn, to, you, important, it, for, English, is
(英語を学ぶのはあなたにとってとても大切なことだ)

⑭ It was so cold that I didn't swim.

□ ⑭ so, that, it, didn't, I, was, swim, cold
(とても寒かったので，私は泳がなかった)

3段階チェック	①チャレンジ	②リベンジ	③ラスト
	／14問中	／14問中	／14問中

覚えておきたいカタカナ語

サステ(ィ)ナブル	持続可能な
バーチャル (バーチュアル)	仮想
キャピタルゲイン	資産値上がり利益
コミット	明言し確約すること 深くかかわること
インフラ	社会経済基盤
オブザーバー	観察者，傍聴人
トラウマ	精神的外傷 心の傷
スキル	技能，熟練
ボトルネック	支障
デイサービス	日帰り介護
プレゼンス	存在感
ガイドライン	指導目標，基本線 基本方針(協議などの)
クライアント	顧客，得意先
シミュレーション	模擬実験
ソリューション	問題解決

グローバリゼーション	地球規模化
コンプライアンス	法令遵守
アイデンティティ	自己同一性
モビリティー	移動性
リデュース	ごみ発生抑制
フリーランス	自由契約
イノベーション	技術革新
フェーズ	局面，段階
オンデマンド	注文対応
コンセンサス	合意 意見の一致
ポテンシャル	潜在能力
モチベーション	動機づけ やる気
スケールメリット	規模効果
インバウンド	外国人の訪日旅行
リテラシー	読み書き能力 情報活用能力

ブレークスルー	行き詰まりの打開
ケーススタディー	事例研究
アカウンタビリティー	説明責任
セーフガード	緊急輸入制限
モニタリング	継続監視
デリバリー	配達，配送
ポートフォリオ	資産構成
プレゼンテーション	発表，説明 自分の考えを示すこと
セーフティーネット	安全網 安全装置
デバイス	装置，仕組み
プライオリティー	優先順位 優先権
ソフトランディング	軟着陸
アーカイブ	保存された記録
アウトソーシング	外部委託 外部調達
オルタナティブ	二者択一 代替案
モラトリアム	支払延期 猶予期間
エビデンス	証拠，科学的根拠
ミッション	使命，任務
デフォルト	債務不履行
セカンドオピニオン	第二の意見 第二の診断
エシカル	倫理的，道徳的
ナノテクノロジー	超微細技術
マンパワー	人的資源，人材
モラルハザード	倫理の欠如
ライフライン	生命線，生活線
ステークホルダー	利害関係者
ゼロエミッション	排出ゼロ 廃棄物ゼロ
ユニバーサルデザイン	万人向き設計
パブリックコメント	意見の公募
インフォームドコンセント	納得診療 説明と同意
リターナブル	回収・再利用
タスクフォース	企業内の特別作業班

掲示用語

●道路の標識

Keep Right	右側通行
One Way	一方通行
Pedestrian Crossing	横断歩道
No Overtaking	追越禁止
Parking Lot	駐車場
Toll Gate	(高速道路の)料金所
Slow	徐行
No Thoroughfare	通行止め
No Right Return	右折禁止
No Parking	駐車禁止
Speed Limit	制限速度
Safety Island	安全地帯

●駅の掲示

Watch Your Step	足元注意
Overhead Caution	頭上注意
Danger	危険
Keep Off	立入禁止
Off Limits	立入禁止
Wet Paint	ペンキ塗り立て
Ticket Gate	改札口
Entrance	入口
Exit ／ Way Out	出口
Timetable	時刻表
Trash	ごみ箱
Baggage Office	手荷物取扱所

●店頭の表示

Sold Out	売切れ
Closed	閉店
Bargain Goods	特価品
Reserved	予約済み
No smoking	禁煙
Open	営業中
Delivery Service	配送サービス
Money Changing	両替
Sample	見本
Not for Sale	非売品
Hands Off	手を触れるな

●その他

Out of order	故障中
Shoes Off	土足厳禁
Post no bills	貼紙厳禁
Fire〔Emergency〕Exit	非常口
Rest Room	手洗所
Lavatory	トイレ
Comfort station	公衆便所
Beware of fire	火の用心
Coffee Shop	喫茶, 軽食堂
Liquorstore	酒屋
Drugstore	薬屋

MEMO

2025年《ねん》度《ど》版《ばん》 高校生《こうこうせい》の就職《しゅうしょく》試験《しけん》 やさしい一般《いっぱん》常識《じょうしき》一問一答《いちもんいっとう》

(2023 年度版　2022 年 2 月 21 日　初版　第 1 刷発行)
2024 年 2 月 15 日　初版　第 1 刷発行

編著者　ＴＡＣ株式会社
（就職試験情報研究会）
発行者　多田敏男
発行所　TAC 株式会社　出版事業部
(TAC 出版)
〒 101-8383　東京都千代田区神田三崎町 3-2-18
電 話 03(5276)9492（営業）
FAX 03(5276)9674
https://shuppan.tac-school.co.jp
組　版　有限会社　文字屋
印　刷　日新印刷　株式会社
製　本　株式会社　常川製本

ISBN 978-4-300-10683-9
N. D. C. 336

(2021年7月現在)

書籍のご購入は

1 全国の書店、大学生協、ネット書店で

2 TAC各校の書籍コーナーで

資格の学校TACの校舎は全国に展開!
校舎のご確認はホームページにて

資格の学校TAC ホームページ
https://www.tac-school.co.jp

3 TAC出版書籍販売サイトで

CYBER BOOK STORE TAC出版書籍販売サイト

24時間
ご注文
受付中

TAC 出版 で 検索

https://bookstore.tac-school.co.jp/

新刊情報を
いち早くチェック!

たっぷり読める
立ち読み機能

学習お役立ちの
特設ページも充実!

TAC出版書籍販売サイト「サイバーブックストア」では、TAC出版および早稲田経営出版から刊行されている、すべての最新書籍をお取り扱いしています。
また、無料の会員登録をしていただくことで、会員様限定キャンペーンのほか、送料無料サービス、メールマガジン配信サービス、マイページのご利用など、うれしい特典がたくさん受けられます。

サイバーブックストア会員は、特典がいっぱい! (一部抜粋)

通常、1万円(税込)未満のご注文につきましては、送料・手数料として500円(全国一律・税込)頂戴しておりますが、1冊から無料となります。

専用の「マイページ」は、「購入履歴・配送状況の確認」のほか、「ほしいものリスト」や「マイフォルダ」など、便利な機能が満載です。

メールマガジンでは、キャンペーンやおすすめ書籍、新刊情報のほか、「電子ブック版TACNEWS(ダイジェスト版)」をお届けします。

書籍の発売を、販売開始当日にメールにてお知らせします。これなら買い忘れの心配もありません。

書籍の正誤に関するご確認とお問合せについて

書籍の記載内容に誤りではないかと思われる箇所がございましたら、以下の手順にてご確認とお問合せをしてくださいますよう、お願い申し上げます。

なお、正誤のお問合せ以外の**書籍内容に関する解説および受験指導などは、一切行っておりません。**
そのようなお問合せにつきましては、お答えいたしかねますので、あらかじめご了承ください。

1 「Cyber Book Store」にて正誤表を確認する

TAC出版書籍販売サイト「Cyber Book Store」のトップページ内「正誤表」コーナーにて、正誤表をご確認ください。

CYBER BOOK STORE TAC出版書籍販売サイト

URL:https://bookstore.tac-school.co.jp/

2 1の正誤表がない、あるいは正誤表に該当箇所の記載がない ⇒ 下記①、②のどちらかの方法で文書にて問合せをする

★ご注意ください★

お電話でのお問合せは、お受けいたしません。
①、②のどちらの方法でも、お問合せの際には、「お名前」とともに、
「対象の書籍名(○級・第○回対策も含む)およびその版数(第○版・○○年度版など)」
「お問合せ該当箇所の頁数と行数」
「誤りと思われる記載」
「正しいとお考えになる記載とその根拠」
を明記してください。
なお、回答までに1週間前後を要する場合もございます。あらかじめご了承ください。

① ウェブページ「Cyber Book Store」内の「お問合せフォーム」より問合せをする

【お問合せフォームアドレス】

https://bookstore.tac-school.co.jp/inquiry/

② メールにより問合せをする

【メール宛先　TAC出版】

syuppan-h@tac-school.co.jp

※土日祝日はお問合せ対応をおこなっておりません。
※正誤のお問合せ対応は、該当書籍の改訂版刊行月末日までといたします。

乱丁・落丁による交換は、該当書籍の改訂版刊行月末日までといたします。なお、書籍の在庫状況等により、お受けできない場合もございます。
また、各種本試験の実施の延期、中止を理由とした本書の返品はお受けいたしません。返金もいたしかねますので、あらかじめご了承くださいますようお願い申し上げます。

(2022年7月現在)